GOLDMANN

Buch

Das berühmte Bernsteinzimmer, von den besten Drechslern und Schnitzern Europas zwischen 1701 und 1708 gefertigt, ging im Frühjahr 1717 als Geschenk von Preußens König Friedrich Wilhelm I. nach Petersburg zu Zar Peter I. Mit Rokoko-Elementen ergänzt konnte es dann im eleganten Katharinenpalais von Zarskoje Selo seinen vollen Glanz entfalten. Von hier aus verschleppten es deutsche Truppen im Herbst 1941 nach Königsberg, wo sich alle weiteren Spuren verlieren.

Seitdem machen internationale Kunstsammler Jagd auf diesen Schatz, dessen Wandtäfelungen allein auf einen Wert von 250 Millionen DM geschätzt werden. Selbst die DDR-Staatssicherheit setzte eine Sonderabteilung darauf an.

Günter Wermusch ging den entscheidenden Hinweisen nach, prüfte die verschiedensten Hypothesen und legte nun anhand eigener Recherchen die neuesten Erkenntnisse vor.

Autor

Günter Wermusch, Jahrgang 1936, Studium der Außenwirtschaft, Redakteur und Lektor im Verlag »Die Wirtschaft«, freischaffender Publizist in Berlin; zahlreiche Veröffentlichungen, zuletzt erschienen (1991): *Tatumstände (un)bekannt: Kunstraub unter den Augen der Alliierten* (Benziger Verlag).

GÜNTER WERMUSCH

DIE BERNSTEIN-ZIMMER-SAGA

SPUREN – IRRWEGE –RÄTSEL

GOLDMANN VERLAG

Umwelthinweis:
Alle bedruckten Materialien dieses Taschenbuches
sind chlorfrei und umweltfreundlich.
Das Papier enthält Recycling-Anteile.

Der Goldmann Verlag
ist ein Unternehmen der Verlagsgruppe Bertelsmann

Made in Germany · 1. Auflage · 11/92
Genehmigte Taschenbuchausgabe
© 1991 by Christoph Links Verlag – LinksDruck GmbH
Umschlaggestaltung: Design Team München
Umschlagmotiv: Archiv für Kunst und Geschichte, Berlin
Druck: Presse-Druck Augsburg
Verlagsnummer: 12420
SD · Herstellung: Sebastian Strohmaier
ISBN 3-442-12420-4

INHALT

DIE FAHRT NACH EGGERSDORF
EIN VORWORT

Zum Jahresende 1984 war die Bernsteingeschichte »Sonnensteine« von Günter Ludwig im Verlag Die Wirtschaft Berlin erschienen. Als Lektor dieses Buches erhielt ich zahlreiche schriftliche und telefonische Informationen zum Schicksal des Bernsteinzimmers, dem der Autor ein besonderes Kapitel seines Buches gewidmet hatte. So meldete sich in den ersten Märztagen des Jahres 1985 ein Mann, der sich als pensionierter Mitarbeiter des Ministeriums des Innern vorstellte, nach Zuschriften fragte und um die Adresse von Günter Ludwig bat. Der Mann hieß Paul Enke.

An einem trüben Märzmorgen fuhren wir gemeinsam nach Eggersdorf, einem jener weitläufigen Wochenendparadiese Berliner Grundstücksbesitzer im sogenannten Randgebiet.

Der promovierte Jurist Paul Enke war damals 60 Jahre alt und wegen eines schweren Kreislaufleidens seit einigen Jahren invalidisiert.

Die Fahrt nach Eggersdorf dauerte kaum eine dreiviertel Stunde. Doch sie reichte, um den Lebenslauf und das Credo dieses Mannes kennenzulernen. »Dreher hab ich gelernt, und dann bin ich freiwillig zur Wehrmacht gegangen. Wer ist denn denen damals nicht auf den Leim gekrochen? Deutschland erwache, aufgezwungener Krieg und so. Junge, und dann die ganze Scheiße mitgemacht. Gefangenschaft bei den Russen. Die haben mich lange dabehalten. Nicht, weil ich ihnen besonders gefiel, sondern weil irgendein anderer Enke da Schweinereien unter der Zivilbevölkerung begangen hatte, und die glaubten nun, das wäre ich. Sie haben mir auch gezeigt, was unsere Truppen aus Leningrad gemacht haben. Ich hab Peterhof, Gatschina und Puschkin gesehen. Und in Puschkin erfuhr ich von dem Bernsteinzimmer. Das wär's schon. Was willst du noch hören? Rückkehr 1949, Volkspolizei, Abitur, Jurastudium, Promotion. Hab auch Vorlesungen über Geschichte und Kunstgeschichte besucht, aber dazu war die Zeit sehr knapp. Und Idioten waren wir damals. Aus einem Nachbardorf kam jemand und sagte, auf dem Boden eines Hauses hätte man ein Lager von Naziakten entdeckt. Wir fuhren hin, und weißt du, was ich befohlen habe? Verbrennt den ganzen Plunder, hab ich gesagt.« Er lachte, ein kurzes, trockenes Lachen. »Jaaa, so war das.«

Bei den Ludwigs verbrachten wir acht Stunden. Wir saßen da mit roten Ohren und lauschten den Erzählungen Enkes. Der mittelgroße, eher klein wirkende Mann, dessen graue Augen auch im Disput noch zu lächeln schienen, war so etwas wie ein Lexikon über alles, was sich in den 12 Jahren des sogenannten Tausendjährigen Reiches auf dem Gebiet des Kunstraubs ereignet hatte. Fast 30 Jahre hatte er nach dem Verbleib des Bernsteinzimmers geforscht, zahllose Verliese der Nazis aufgestöbert, manches Verschollene wiedergefunden, »getaucht und gewühlt«, wie er sagte, und Spuren entdeckt. »Du kennst doch den Flakturm im Friedrichshain«, wandte er sich an mich, »weißt du von dem, was sich damals, im Mai 1945, dort ereignet hat? Um die Wahrheit zu sagen, ich weiß es auch noch nicht, aber da ist eine ungeheure Schweinerei passiert.«

Ich wußte nur, daß die SS dort ein Kunstgutlager der Berliner Staatlichen Museen verheizt haben soll. Im Kunstgewerbemuseum Schloß Köpenick hatte Professor Schade, der Generaldirektor der Staatlichen Museen zu Berlin, einen Lichtbildervortrag über den brandgeschädigten Giselaschmuck gehalten. Das war ein Jahr her. Von der »Schweinerei«, wie Paul Enke sich ausdrückte – für ihn war es gewissermaßen der Oberbegriff für Verbrechen aller Art – wußte ich indes nichts.

Als wir zurückfuhren, dunkelte es schon. Ich fragte Enke nach seinen Plänen, dachte dabei auch an seinen Gesundheitszustand. Als »medizinisches Wunder« bezeichnete er sich, er dürfte nach menschlichem Ermessen gar nicht mehr am Leben sein. »Junge«, sagte er, »das Manuskript über die Bernsteinzimmersuche ist fertig, aber der Militärverlag will erst 1988 darangehen. Und dann will ich noch eine Geschichte des Kunstraubs schreiben. Nur, weiß ich, wie lange das Wunder noch dauert?«

Wir wurden uns einig, eine gekürzte Fassung seiner Forschungen über das Bernsteinzimmer in meinem Verlag unterzubringen. »Und deine Kunstraubgeschichte?« fragte ich.

»Ich mache weiter, das verlangt viel Zeit, Jahre, wieviel, weiß ich nicht. Vielleicht übernimmst du es von mir, wenn mich der große Fährmann ruft.«

Enkes »Bernsteinzimmer-Report« erschien 1986 im Verlag Die Wirtschaft, eine zweite Auflage folgte 1987. Insgesamt sind 50 000 Bücher verkauft worden.

Die Zeit der Zusammenarbeit mit Enke bei der Gestaltung seines Manuskriptes gehört zu den besten Erinnerungen meiner über 20jährigen Tätigkeit als Lektor. Er kämpfte um jedes Wort. Ich empfand seine Darstellungsweise als zu nüchtern. Jeder Lektor glaubt, ein guter Psychologe zu sein. In diesem Fall war Enke der bessere. Noch nie hatte der Verlag auf ein Buch mehr Zuschriften erhalten als auf den »Bernsteinzimmer-Report«.

An jenem Märzmorgen des Jahres 1985 begann auch meine nebenberufliche Laufbahn als Bernsteinzimmerforscher im engeren und als Fahnder nach verschollenem Kulturgut im weiteren Sinne. Bis zu Enkes Tod im Dezember 1987 arbeitete ich mit ihm zusammen, so etwa wie Watson mit dem großen Meister Sherlock Holmes. Dann mußte ich das von ihm Begonnene allein, unterstützt von Uwe Geißler und Dieter Hilpert, fortsetzen. In den folgenden Jahren gab es etliche Turbulenzen um das Bernsteinzimmer und auch ganz neue Erkenntnisse, die schließlich in den TV-Film des jungen Münchners Maurice Philip Remy eingingen. So blieb es nicht aus, Paul Enkes heute längst vergriffenen »Bernsteinzimmer-Report« hier und dort der Kritik zu unterziehen, ohne jedoch den Wert dieses besonders wegen der darin enthaltenen zeitgeschichtlichen Zusammenhänge brillanten Werkes in irgendeiner Weise schmälern zu wollen.

Günter Wermusch

DAS ERSTE KAPITEL

Der Brief der Kammerzofe. Das »achte Weltwunder«. Friedrich III. wird König in Preußen. Die Idee von der Bernsteintäfelung. Gottfried Wolffram wird zu teuer. Schacht und Turau vollenden das Meisterwerk. Peter I. in Berlin. Zwey kostbahre praesente. Transport nach Petersburg. Erweiterung und Einbau im Katharinenpalais. Das Gegenpraesent Peters.

Das Bernsteinzimmer

»Wir haben wieder einige kleine Touren gemacht, wo ich viel Schönes gesehen habe. Den 5. August nach Pawlowsk, den 7. zurück. Das gehört dem Großfürsten Michael, und bei jedem diesem Lustschloß ist allemal ein Städtchen so groß wie Weimar. Die Größe und Schönheit von Schloß und Garten ist gar nicht zu beschreiben ... Wie wir von Pawlowsk zurückfuhren, mußten wir durch Zarskoje Selo, die Hoheit befahl, wir sollten dort halten und schickte einen Feldjäger mit, daß wir alles gezeigt bekamen, dessen Pracht gar nicht zu beschreiben ist. Da war ein Zimmer, beinahe so groß wie der neue Saal, der bei uns gemacht wird, von lauter Bernstein die Wände und ziemlich große Figuren aus einem Stück gearbeitet, dessen Wert dieses Zimmers gar nicht zu berechnen ist.«

So schrieb Friederike Roltsch, Kammerzofe der Großherzogin von Sachsen-Weimar-Eisenach, am 13. August 1840 an ihren Verlobten in Weimar. Das Kammerfräulein war anläßlich eines Verwandtenbesuchs der großherzoglichen Familie nach Petersburg gekommen[1] und berichtete ihrem »lieben guten Albrecht« voller Begeisterung von all den Wundern, die sie im fernen Rußland entdeckt hatte.

Andere, gebildetere Leute haben die Pracht und den Zauber des Bernsteinzimmers im Katharinenpalais von Zarskoje Selo zwar in treffendere Worte gekleidet, als es das kleine Kammerfräulein vermochte. Doch wie ungekünstelt und ursprünglich wirkt das Staunen der Friederike Roltsch, die in den Schlössern ihrer Herrschaft gewiß an Pomp gewöhnt war.

Ein britischer Gesandter in Petersburg, dessen Name nicht überliefert ist, soll den Bernsteinsaal im Katharinenpalais gar als »achtes Weltwunder« bezeichnet haben. Ähnliche Worte fand auch der Baron A. von Fölkersam im Jahre 1912: »Der Stil des Bernsteinzimmers von Zarskoje Selo ist ein Gemisch von Barock und Rokoko und ist ein wahres Wunder nicht nur durch den großen Wert des Materials, die kunstvolle Schnitzerei und Leichtigkeit der Formen, sondern hauptsächlich durch den schönen, bald dunklen, bald hellen Ton des Bernsteins, der dem ganzen Zimmer einen unaussprechlichen Reiz verleiht.«

Das Bernsteinkabinett

Am 16. November 1700 hatte der römisch-deutsche Kaiser Leopold I. (reg. 1658–1705) in Wien mit dem brandenburgischen Kurfürsten Friedrich III. (reg. 1688–1713) das sogenannte Kronentraktat abgeschlossen. Darin hieß es, Leopold wolle, »wenn der Kurfürst sich wegen des Herzogtums Preußen zum König ausrufen und krönen lasse, denselben als einen König in Preußen ehren, würdigen und erkennen, auch befördern, daß dasselbe von anderen Mächten geschehe«.

Etwa vier Wochen später brach der Kurfürst mit riesigem Hofstaat nach Königsberg, der Hauptstadt des Herzogtums, auf, wo er sich und seiner Gemahlin am 18. Januar 1701 eigenhändig die Krone aufsetzte. Die Feierlichkeiten wurden mit ungeheurem Pomp begangen und glichen denen einer Kaiser-krönung. Erst im Mai desselben Jahres kehrte der nunmeh-rige König Friedrich I. nach Berlin zurück, wo er durch sechs kunstvoll errichtete Ehrenbogen Einzug hielt.

Friedrich der Große hatte wohl auch wegen dieses Pomp-und Prachtgehabes für den körperlich schwachen und ver-wachsenen Großvater nicht allzu viel übrig. Er nannte ihn »groß im Kleinen und klein im Großen«.

Der erste König der Hohenzollerndynastie war ein ausge-sprochener Kunst- und Baunarr. Auf ihn geht der Neubau des Berliner Schlosses ebenso zurück wie die Ausstattung Berlins mit barocken Prachtbauten und die wohl größte Sammlung von Silbermöbeln und -gerät Europas.

Bei seinem Aufenthalt in Königsberg soll Friedrich I. auf den Gedanken gekommen sein, für ein Zimmer im Schloß Charlottenburg eine Bernsteintäfelung anfertigen zu lassen. Die mit edelstem Bernstein gefüllten Depots der Ordensritter hätten ihn dazu angeregt, heißt es. Belegt ist es nicht. Doch hatte Friedrich von Königsberger Meistern schon mehrere bernsteinverzierte Schränke für seine Berliner Schlösser her-stellen lassen. In Königsberg gab er lediglich einen Bernstein-altar in Auftrag, den er, der Protestant, dem Wiener Kapuziner-Kloster zum Geschenk machte: ein nachträglicher Dank an Leopold I. für die Verleihung der Königswürde.

Jedenfalls hat Friedrich I. erst nach seiner Rückkehr nach Berlin von dem tüchtigen dänischen Bernsteinschneider Gott-fried Wolffram erfahren. Wolffram war lange Jahre am däni-schen Hof als Kunstdrechsler beschäftigt gewesen und dann nach Königsberg gegangen. Der dänische König, Friedrich IV., soll seinem Amtsbruder in Berlin persönlich Wolffram empfohlen haben.

Gottfried Wolffram begann noch im Krönungsjahr mit der Arbeit an der Wandtäfelung. Anhand einiger Basreliefs in die-ser Täfelung hat man später vermutet, daß der berühmte Andreas Schlüter mit Wolffram zusammengearbeitet habe. Doch gibt es dafür keinerlei Beleg außer der Ähnlichkeit dieser Reliefs mit den Masken sterbender Krieger im Schlüterhof des ehemaligen Berliner Zeughauses. Andreas Schlüter hatte nie mit Bernstein gearbeitet.

Schlüter war im Jahre 1706 bei seinem König in Ungnade gefallen. Ein Jahr später ereilte auch Wolffram dieses Schicksal. Johann Friedrich Eosander (wegen seiner Herkunft aus Gotland »von Göthe« genannt), Friedrichs Hofarchitekt, hatte in beiden Fällen die Hand im Spiel. In der Sache Wolffram entschied er, daß der Däne zu teuer sei für die preußische Staatskasse. Eosander berief daraufhin die Danziger Bernsteindrechsler Ernst Schacht und Gottfried Thurau nach Berlin, die Ende 1711 das fertige Bernsteinkabinett präsentierten. Die beiden Danziger waren schon recht stolz auf »ihr« Meisterwerk, an dem allerdings Gottfried Wolffram wenigstens den gleichen Anteil hatte. Denn ein Teil der Paneele war bereits im Schloß Charlottenburg installiert, als Wolffram den Abschied erhielt. Um nun ihre Leistung besonders herauszustreichen, präsentierten sie ihre Rechnung und mit ihr »den Preiß wo er (Wolffram – G. W.) für die Arbeit forderte, wie in der ersten Rubric zu ersehen, wobey in der andern Rubric der Preiß zu sehen wo für die andern Beyde Meister, alß Ernst Schacht und Gottfriedt Turow es Bedungen, und auch verfertiget haben«.

Sparsamkeit war geboten am preußischen Hofe, wenngleich Friedrichs Prachtstreben und Bauwut ständig in Widerspruch dazu gerieten. Allein die Krönungsfeierlichkeiten hatten sechs Millionen Taler, das eineinhalbfache der jährlichen Staatseinnahmen, verschlungen. Die Verstrickung in kostspielige Kriegshändel reproduzierte den ständigen finanziellen Notstand Preußens ebenso wie das zum Image eines europäischen Herrscherhauses gehörende Nachäffen der rauschenden Feste von Versailles. Den dortigen »Standard« vermochte Friedrich allerdings beim besten Willen nicht zu erreichen.

Auf entsprechende Spötteleien in Versailles antwortete Friedrich: »Wir feiern unsere Feste nach unsere Alte Teutsche Ahrt.«

So wußten sich halt die beiden Danziger Meister mit weniger Lohn abgefunden als ihr dänischer Kollege Wolffram, der an höhere Bezüge gewöhnt war.

Die fertige Bernsteintäfelung wurde jedoch nicht in Charlottenburg aufgestellt, sondern in einem Eckraum des dritten Stockwerks im völlig umgebauten und erweiterten Berliner Stadtschloß, der dem »tabacs=collegium« des Königs vorbehalten war.

Dort befand sich das Bernsteinkabinett noch im Jahre 1716.

Das Geschenk des Soldatenkönigs

Im Februar 1713 war Friedrich I. verstorben. Sein Sohn und Nachfolger, Friedrich Wilhelm I. (reg. 1713-1740), hatte für den Kunstsinn des Vaters wenig übrig. Er setzte auf Preußens militärische Macht und hielt selbst die hochherrschaftliche Küche knapp, um alles seinem Militär zu opfern. Der »Soldatenkönig« ließ Tafelsilber einschmelzen, Hofämter abschaffen und sogar den Krönungsmantel des Vaters verkaufen.

Im Jahre 1716 weilte Zar Peter I. mit seinem Hofstaat in Berlin. Friedrich Wilhelm I. hoffte, den Zaren für ein Bündnis gegen Schweden zu gewinnen, um mit seiner Hilfe die Truppen Karls XII. aus Vorpommern zu verdrängen. Die Markgräfin Wilhelmine Friederike Sophie von Bayreuth, Tochter des Königs, berichtete über den hohen Besuch, man habe ihn im Schloß Monbijou einquartiert. »Um die Unordnungen zu vermeiden, welche die Herren Russen überall, wo sie sich aufhielten, angerichtet hatten, ließ die Königin das ganze Haus ausräumen und alles Zerbrechliche beiseite schaffen.« Dem sparsamen Preußenherrscher gefiel das Gebaren des russischen Amtsbruders so gar nicht. Aber er brauchte den Russen, der sich dessen wohlbewußt war. Und so ließ Peter I. seinen Gastgeber ungeniert wissen, was er gern »übernehmen« würde. »Am folgenden Tage zeigte man ihm alles Merkwürdige von Berlin, unter anderem auch die Medaillen- und Antikensammlung ... Ohne das geringste Bedenken verlangte er diese und noch einige andere Statuen vom Könige, der sie ihm nicht abschlagen konnte, ebenso machte er es mit einem Schrank, der ganz mit Bernstein ausgelegt war. Dieser Schrank, der einzige seiner Art, der König Friedrich den Ersten ungeheure Summen gekostet hatte, hatte zum allgemeinen Leidwesen das Schicksal, nach Petersburg geführt zu werden.«

Man geht wohl nicht fehl in der Annahme, daß die Prinzessin – sie war bei dem Zarenbesuch erst sieben Jahre alt – mit dem so einzigartigen und kostbaren »Schrank« das Bernsteinzimmer gemeint hat.

Genauer wußten es Zacharias Grübel und Franz Herrmann Ortgies, Autoren und Herausgeber der »Correspondenz«, einer zweimal wöchentlich erscheinenden Zeitung, die immer wieder das Mißfallen des Königs erregte. Unter dem »5. Decembris 1716« berichtet die Zeitung: »... maßen wie Se. Czaarische Majestät gesagt: ›Bruder Fridrich, wir wollen beyde in einen immerwehrenden guten Verständnüß und harmonie bleiben‹, hat der König erwiedert, ›wie er solches feste versprechen könte; waß aber unsere Jungens nach unserm Tode thun werden, solches müßen wir sodan geschehen laßen‹. Eine Anzeige solches gestiffteten guten Vernehmens kan auch daraus genommen werden, daß der König dem Czaar zwey kostbahre praesente gethan hat, nemlich das prächtige und schöne Jagdtschiff, so der hochseelige König vor 7 Jahren in Holland hat bauen laßen und welches mit dem ameublement m/40 rthlr. gekostet, dan ein prätieuses Bernstein=Getäffel zu einer vollenkommenen Bekleidung und Ausschlagung eines

Cabinets, so allein an die m/30 rthlr. hier zu verarbeiten kömt ... Der Czaar hat mit großer Verbindlichkeit zu erkennen gegeben, daß er auf ein Gegen=praesent starck würde bedacht seyn.«

30 000 Reichstaler hat den Preußenkönig also das Bernsteinzimmer gekostet. Allerdings sind die Angaben von Grübel und Ortgies mit Vorsicht zu behandeln, denn für das nicht 1709, sondern schon 1704 gekaufte »Jagdtschiff« hat Friedrich I. 100 000 Taler bezahlen müssen. Im übrigen fand Peter I. an dem Schiff zunächst weit mehr Gefallen als an dem »Bernstein=Getäffel«. Der Zar ist dann ohne seine Gattin Katharina, die bei dem »Staatsbesuch« in Berlin zugegen war, nach Holland weitergereist. Erst am 17.Januar 1717 teilt er ihr aus Amsterdam mit: »Ich habe ein höchst bedeutsames Praesent erhalten, ein Bernsteinkabinett ...«

Im April 1717 transportierte man das Bernsteinzimmer, in 18 Kisten verpackt, von Berlin nach Memel. Im Staatsarchiv Merseburg fand sich darüber ein »Immediatbericht« von General Charles de Brion, Festungskommandant von Memel, vom 2. Mai 1717: »Euer Königl. Majt. habe hierdurch allerunterthänigst berichten sollen, daß das Börnstein Cabinet vorgestern im gutten Stande, so viel alß ich bemerken, und von die dabey gestellte Leute die nachricht einziehen können, hier angelanget, und bald darauff weiter biß an die Grentze geschicket worden, und seindt aus diesem Ambte drey Relais, auf jede Relais 108 Vorspann Pferde zu deren Fortbringung gegeben.«

Mit Relais bezeichnete man damals die Pferdewechselstationen, die Vorläufer unserer heutigen Postämter. Da die Entfernungen zwischen den Stationen etwa gleich waren, dienten die Angaben in Relais auch als Längenmaße.

Für den Weitertransport von Memel nach Riga hatte Peter bereits im Januar 1717 von Amsterdam her Richtlinien erteilt. So schrieb er am 7. Januar an seinen kurländischen Generalkonsul, Michail Bestushew-Rjumin: »Wenn aus Berlin das Bernstein=Kabinett, was Seine königliche Majestät von Preußen geschenkt hat, in Memel ankommt, so empfange und schicke es sofort über Kurland auf kurländischen Fuhren nach Riga, vorsichtig und mit dem Boten, welcher euch diesen Unseren Ukas mitteilt, und gebt ihm bis Riga eine Bedeckung von einem Unteroffizier und mehreren Dragonern; auch gebt dem Boten auf dem Weg bis Riga Geld zur Beköstigung, auf daß er zufrieden sei. Sollte er für den Transport des Kabinetts Schlitten fordern, so gebt ihm auch solche.«

In Petersburg wurde das Bernsteinzimmer im alten Winterhaus, sechs Jahre später dann im Neuen Winterpalais installiert. Von dort kam es 1755 in das nach Versailler Stil umgebaute Katharinenpalais in Zarskoje Selo, die Sommerresidenz der Zarenfamilie.

Doch der für die Installierung der Bernsteinverkleidung bestimmte Saal im Katharinenpalais war etwa sechsmal so groß wie das Eckzimmer des Berliner Schlosses, das Tabakskabinett Friedrich Wilhelms. Der mit dem Einbau beauftragte Hofarchitekt Carlo Rastrelli brauchte zusammen mit dem Italiener Martelli und fünf Königsberger Bernsteinmeistern acht Jahre, um das Bernsteinzimmer mit neuen Elementen so zu komplettieren, daß die ursprüngliche Komposition erhalten blieb und dennoch etwas völlig Neues entstand. So wurden 24 große venezianische Spiegel sowie ein bernsteingerahmter Spiegel, den Friedrich II. Zarin Elisabeth 1745 geschenkt hatte, installiert. Sie ließen den Raum größer, majestätischer erscheinen. Die Spiegel erhielten neu angefertigte Sockel mit Bernsteinplatten. Vergoldete Supraporten, vergoldete Holzornamente an und über den weißen Türen fügten sich in das Gesamtbild ebenso harmonisch ein wie vier florentinische Steinmosaikbilder und der Fußboden aus Intarsienparkett mit Perlmutteinlagen. Friederike Roltsch berichtet darüber: »Wie vor ein paar Jahren der Persische Prinz in Petersburg gewesen ist, man hat ihn dahin geführt, so hat er vor der Türe die Schuhe ausgezogen und glaubte nicht auf diese Pracht treten zu dürfen.«

Zarin Katharina II. soll sich nirgends lieber aufgehalten haben als im Bernsteinzimmer. Übrigens ist das Palais, wie oft irrtümlich behauptet wird, nicht nach ihr, sondern nach der zweiten Gattin Peters I., Katharina Alexejewna, benannt. Seine Schönheit pries der Freiherr Bernhard von Köhne im Jahre 1882 mit den Worten: »Es ist wohl kein Sommerpalais in der Welt, welches mit dem von Zarskoje Selo verglichen werden könnte.«

An das »Gegen=praesent«, auf das Peter »starck würde bedacht seyn«, hat sich der Herrscher aller Reußen erst ein Jahr später wieder erinnert. Im Sommer 1718 brachte sein Kammerjunker Tolstoi 55 »mit trefflichen Gewehren aus Tula« bewaffnete »lange Kerls«, eine Vorliebe des Preußenkönigs, sowie eine Drechselbank, eine in Petersburg gebaute Barke und einen von Peter selbstgefertigten Elfenbeinpokal nach Berlin.

Überschwenglich bedankte sich Friedrich Wilhelm am 22. Oktober dafür bei dem »vielgeliebten Bruder, Gevatter und Freund«: »Eurer Tsaarischen Mayst. Kammerjunker Herr v. Tolstoy, hat Mir da fünfundfünfzig Mann große Grenadirer, und daneben einen Pocal von Eurer Tsaarischen Mayst. Eigenhändigen und dannenher unschätzbahren Arbeit, wie auch die zu Petersburg erbaute Barje und Drechselbank, womit Eure Tsaarische Mayst. Mich zu beschenken geruhen wollen, zu recht überliefert.

Alles dieses ist Mir ein angenehmes Präsent, und bin Ich Eurer Tsaarischen Mayst. mehr davor verbunden als Ich es exprimieren kann ...«

Dies nur zur Richtigstellung der in vielen Berichten über das Bernsteinzimmer anzutreffenden Zweifel an diesem »Gegen=praesent«.

DAS ZWEITE KAPITEL

Kunsträuber als Nachhut der Operation »Barbarossa«. Sicher-
stellung oder Raub? Der Zwiespalt des Alfred Rohde. Frau
Hirschmanns Aussage. Abtransport nach Lochstädt? Evakuie-
rungspläne nach Sachsen. Gauleiter Kochs Kunstsammlung.
Kisten, die »mindestens teilweise das Bernsteinzimmer enthiel-
ten«. Die Mär von der Verpackung mit Federbetten. Tranporte
auf der Ostsee. Die angeblichen Erinnerungen des Gauleiters.
Abtransport mit seiner Privatsammlung? Bernsteinsplitter unter
dem Albrechtstor.

Dr. Rohdes Geheimnis

Am 25. November 1773 berichtete der preußische Gesandte in
Rußland, Victor Friedrich Graf von Solms-Sonnenwalde, von
den Feierlichkeiten anläßlich des Namenstages von Katharina
II. aus dem Bernsteinzimmer im Katharinenpalais von Zarskoje Selo. Die Sensation bestand damals in dem Geschenk,
das der in Ungnade gefallene Prinz Grigori Orlow der Zarin zu
Füßen legte: einem 193karätigen Diamanten, der später den
Namen »Orlow« erhielt. Der Zufall wollte es, daß 168 Jahre
später wieder ein Mann aus dem Geschlecht derer von Solms
mit dem Bernsteinzimmer in Berührung kam.

Am 22. Juni 1941 startete Hitler die Operation »Barbarossa«,
den Überfall auf die Sowjetunion. Im Troß der kämpfenden
Truppe befanden sich auch jene Kunstraubeinheiten, die sich
bereits in Polen und im okkupierten Westeuropa zweifelhaften
Ruhm erworben hatten: der »Einsatzstab Reichsleiter Rosenberg« und das Ribbentrop unterstehende »Sonderkommando
Künsberg«. In einem mit dem 12. Juli 1941 datierten Protokoll

des Reichsaußenministeriums heißt es beispielsweise: »Der Herr RAM bittet, LR von Künsberg anzuweisen, daß er nicht nur nach Leningrad (wegen der Bilder) sondern auch in gleicher Weise nach Moskau sich begibt, um auch im Kreml Kunstwerke sicherzustellen.«[2]

Ribbentrop hatte es offenbar eilig, Legationsrat SS-Sturmbannführer Eberhard Freiherr von Künsberg mit seinem »Sonderkommando A. A.« zur Plünderung der Museen von Leningrad und Moskau abzukommandieren, um dem Rivalen, Rosenbergs »Einsatzstab« zuvorzukommen.

Mitte September hatte die Heeresgruppe Nord den Leningrad vorgelagerten grünen Gürtel mit seinen zahlreichen Parks und Palästen, wie Peterhof, Pawlowsk, Gatschina, Lomonossow und Puschkin, erreicht. Vieles hatten die Russen von hier noch rechtzeitig evakuieren können. Aber wenigstens ebensoviel blieb zurück, darunter im Katharinenpalais auch das Bernsteinzimmer, dem man einen notdürftigen Splitterschutz verlieh. Das Palais selbst wurde bei den Angriffen der Heeresgruppe Nord von einer Fliegerbombe getroffen.

In die Räume des Palais zogen deutsche Landser ein. Der ehemalige Hauptmann der Wehrmacht Hans Hunsdörfer, der heute in Göppingen lebt, berichtete später: »Schlafende Soldaten mit verschmutzten Stiefeln auf den kostbaren Kanapees und Sesseln konnte man überall beobachten; auch schon mal ein grobes Schild, hingenagelt in die eingelegten Türen: ›Belegt von 1. Kp. ...‹. So kam ich auch in das Bernsteinzimmer. Hier waren die Wände mit dicker Pappe zugeklebt und abgedeckt. Ich sah zwei Landser, wie sie sich mühten, aus Neugierde die Verkleidung herunterzureißen. Zutage kamen wunderbar leuchtende Bernstein-Schnitzereien, als Rahmen eines Mosaikbildes. Als die beiden ihre Seitengewehre zückten, um sich ›Erinnerungsstücke‹ herauszubrechen, schritt ich ein. Anderntags sah das Bernsteinzimmer schon einigermaßen wüst aus ...«[3]

Sicherstellung der Kunstschätze

Am 26. September 1941 ergeht ein Schreiben der Adjutantur der Wehrmacht beim Führer an das Hauptquartier des Oberkommandos des Heeres (OKH): »Der Führer hat nach Vortrag von Reichsleiter Bormann entschieden, daß der Leiter des Außenamtes der staatlichen Museen in Berlin, Dr. Niels von Holst, der z. Zt. als Sonderführer die Betreuung der Kunstschätze in Reval ausübt, so eingesetzt wird, daß er auch für weitere Aufgaben auf dem Gebiet, z. B. Sicherstellung der Kunstschätze in Kranoje-Selo, Peterhof und Oranienbaum und späterhin auch Petersburg, zur Verfügung steht.«[4]

»Kranoje-Selo« sollte offenbar Zarskoje Selo bedeuten, das einstige Oranienbaum heißt jetzt Lomonossow, aber wie kommt Petersburg, also Leningrad, in diese Anweisung? Schon drei Tage später, also am 29. September, heißt es in einem Befehl des Chefs des Stabes der Seekriegsleitung: »Der Führer ist entschlossen, die Stadt Petersburg vom Erdboden verschwinden zu lassen ... Es ist beabsichtigt, die Stadt eng einzuschließen und durch Beschuß mit Artillerie aller Kaliber und laufenden Lufteinsatz dem Erdboden gleichzumachen. Sich aus der Lage in der Stadt ergebende Bitten um Übergabe werden abgeschlagen werden, da das Problem des Verbleibens und der Ernährung der Bevölkerung von uns aus nicht gelöst werden kann und soll.«[5] Am 7. Oktober 1941 ergeht gleichlautender Befehl vom Oberkommando der Wehrmacht; er wird auch auf Moskau erstreckt: »Kein deutscher Soldat hat daher diese Städte zu betreten.«[6]

Doch wie ließen sich diese Befehle mit den Bestrebungen des Führers vereinbaren, im österreichischen Linz das weltgrößte Museum aufzubauen? Am 25. Juli 1941 hatte er noch angewiesen, daß sich der sogenannte Führervorbehalt, d. h. das Erstrecht auf alles in den okkupierten Ländern erbeutete oder zum Kauf angebotene Kulturgut auch »auf alle von deutschen Truppen besetzten Gebiete, also auch auf die besetzten Ostgebiete ... und noch zu besetzenden russischen Gebiete« erstrecke.[7] Und die Leningrader Ermitage, einer der größten Horte der Weltkunst? Später hat sich Hitler dahingehend geäußert, die Russen hätten ihre Ermitage schon in den 30er Jahren an amerikanische Juden »verscheuert«. Einen Teil davon hätte er von holländischen Juden ankaufen können. Der Rest sei von den Russen evakuiert worden.

Der Begriff »Sicherstellung« ist nicht nur bei den hitlerdeutschen Invasoren sehr großherzig ausgelegt worden. Alfred Rosenberg, Reichsminister für die besetzten Ostgebiete, hatte vor dem Nürnberger Kriegsverbrechertribunal energisch bestritten, in Rußland Kulturgut geplündert zu haben. Es habe sich ausschließlich um Sicherstellungen aus Kampfgebieten gehandelt – ganz im Sinne der Haager Landkriegsordnung. An die Rückgabe war allerdings nicht gedacht, wie Zeugenaussagen und Dokumente belegen. Und hatte nicht Hermann Göring, Hitlerdeutschlands größter und prominentester Kunstsammler, bei Beginn des Rußlandfeldzuges verkündet, er gedenke zu plündern?

Die Siegermächte hielten es mit der im Januar 1943 noch so feierlich beschworenen Haager Konvention nicht viel besser, aber Sicherstellung schließt die Rückgabe ein – ohne sie ist es nackter Raub. Auch die Kriegsbeute an kulturellen Werten widerspricht der Haager Landkriegsordnung.

Rittmeister Graf Solms

Paul Enke hatte in seinem »Bernsteinzimmer-Report« den Kunstwissenschaftler und Rittmeister der Reserve Dr. Ernst-Otto Graf zu Solms-Laubach des Kunstraubs bezichtigt. Im Tagebuch der 18. Armee ist unter dem 29. September 1941 eingetragen: »Rittmeister Graf Solms, vom O.K.W. (Oberkommando der Wehrmacht – G. W.) mit Erfassung der Kunstgegenstände in den Zarenschlössern beauftragt, bittet um Schutz für das Zarenschloß Puschkin, das durch Bombentreffer leicht zerstört und zur Zeit in vorderster Linie durch unachtsames Verhalten der Truppe gefährdet ist. Mit der Sicherung wird L.A.K. (50. Armeekorp – G. W.) beauftragt.« Im Tagebuch des L.A.K. fanden sich folgende Eintragungen für das Jahr 1941:

»1.10. Krasnogwardeisk: Zur Sicherstellung der Kunstgegenstände im Befehlsbereich des L.A.K. sind vom A.O.K (Armee-Oberkommando – G. W.) 18 Rittmeister Dr. Graf Solms und Hauptmann Dr. Pönsgen eingesetzt.«

»14.10. Krasnogwardeisk: Abtransport der durch die Kunstsachverständigen Rittmeister Dr. Graf Solms und Hauptmann Dr. Pönsgen in Gatschina und Puschkin sichergestellten Kunstgegenstände, u. a. der Wandbekleidung des Bernsteinsaales aus Schloß Puschkin (Zarskoje Selo), nach Königsberg ...«[8]

Für die Sicherstellung des Bernsteinzimmers gab es keine frontbedingte Notwendigkeit. Doch wie der Bericht von Hundsdörfer zeigte, war es tatsächlich durch das Verhalten der Landser akut gefährdet. Der Oberkommandierende der 18. Armee, Generalfeldmarschall Georg von Küchler, sagte in Nürnberg aus, er habe Befehl gegeben, das Zimmer vorerst nach Riga zu bringen.[9] Also blieb es tatsächlich nur bei der Sicherstellung, gab es keinen vorsätzlichen Raub.

Später hieß es, der Gauleiter von Ostpreußen und Reichskommissar der Ukraine, Erich Koch, sollte veranlaßt haben, das Bernsteinzimmer aus Riga nach Königsberg zu bringen. Das allerdings war nicht mehr im Sinne der Haager Landkriegsordnung, sondern eindeutiger Raub. Wie indes aus dem Tagebuch des 50. Armeekorps hervorgeht, stand das Ziel Königsberg bereits fest, als Graf Solms und Pönsgen das aus Gatschina und Puschkin Sichergestellte abtransportierten.

Und davon will Küchler nichts gewußt haben? Auch Graf Solms nicht? Im »Berliner Lokal-Anzeiger« vom 12. April 1942 war noch ein Name zu lesen.: »Ein Pionierunteroffizier und sechs Mann montierten im Laufe von 36 Stunden das Getäfel behutsam ab, verpackten es kunstgerecht, und der Generaldirektor der Staatlichen Schlösser und Gärten in Berlin, Dr. Gall, veranlaßte die Überführung ins Königsberger Stadtschloß, in dem es nun an traditionsreicher Stätte soeben seine Aufstellung finden konnte.«

Nun war Dr. Ernst Gall gewiß nicht der Mann, der zu solchen Veranlassungen ermächtigt war. Der Befehl, das Bernsteinzimmer nach Königsberg zu verschleppen, mußte schon von höherer Stelle gekommen sein. Küchler selbst war es, der den Befehl erteilte, das Bernsteinzimmer nach Königsberg zu verbringen. Wahrscheinlich geschah das auf Anregung von Koch, der sich 1942 weigerte, der Forderung des Einsatzstabes Reichsleiter Rosenberg (ERR) nachzukommen, es an Rosenbergs Ostverwaltung zurückzugeben.[10]

In Königsberg konnte das Bernsteinzimmer jedoch nicht vollständig aufgestellt werden, weil der bereitgestellte Raum Nr. 37 im dritten Stock des Schlosses zu klein war. Die großen venezianischen Spiegel und die dazugehörigen Sockelplatten mußten im Keller gelagert werden. Bis zum Frühjahr 1944 blieb das Zimmer weiter der Öffentlichkeit zugänglich.

»Alles ist hin«

Die Verantwortung für das gestohlene Kunstwerk hatte die Verwaltung der Staatlichen Schlösser und Gärten dem Direktor der Kunstsammlungen der Stadt Königsberg, Dr. Alfred Rohde, übertragen. Alfred Rohde war kein Nazi, dennoch zollte er – der gehorsame Beamte – der Obrigkeit den gehörigen Tribut, als er im Sommer 1942 in einem Zeitschriftenaufsatz schrieb: »Zurückgekehrt in des Wortes bester und tiefster Bedeutung in seine Heimat, der eigentlichen und einzigen Fundstelle des Bernsteins, bildet nunmehr das Bernsteinzimmer Friedrich I. neben dem Lovis-Corinth-Ehrensaal die bedeutendste Zierde dieser Sammlungen.«[11]

Und da gibt es noch eine ganz schlimme Entgleisung des Dr. Rohde: »Das Zimmer ... erzählt beinahe selbst seine Geschichte. Hier lesen Sie nicht nur die Zahl 1760, in welchem es in der neuen Form fertiggestellt war, dort können Sie auch die Zutaten russischer Herkunft deutlich erkennen. Wenn Sie genau hinsehen, werden Sie ein seltsames Gebilde wahrnehmen.« So zitiert der Berliner Lokal-Anzeiger am 12. April 1942 den Kunstwissenschaftler, um hinzuzufügen: »Mit einiger Mühe enträtselt man denn einen russischen Adler, der in kunstlosester Form eingelegt ist und mehr einer mißgestalteten Schildkröte gleicht. Aber diese echt russische ›Verzierung‹ fällt gar nicht erst ins Gewicht ...« Hatte Rohde das tatsächlich gesagt und damit bestätigt, daß die »slawische Rasse« bestenfalls Steinzeitkunst erzeugen konnte?

Frau Ida Hirschmann-Krüger, damals Schloßverwalterin, konnte sich 40 Jahre später noch gut an die Vorgänge erinnern: »Etwa gegen Ende des Jahres 1941 wurden im Schloß Lastkraftwagen entladen, die Kunstschätze aus den Schlössern bei Leningrad brachten. Es handelte sich um eine größere Anzahl, und wir hatten Mühe, sie alle im Schloß unterzubringen. Nur das berühmte Bernsteinzimmer aus dem Katharinenpalais in Zarskoje Selo (Puschkin) wurde davon zur Aufstellung gebracht. Es wurde zu diesem Zweck an Dr. Rohde übergeben und fand seine Aufstellung im Lovis-Corinth-Saal (Raum 36) im dritten Geschoß (Obergeschoß).

Bei den im Schloß eingelagerten Gütern aus Puschkin handelte es sich um Möbel, Gemälde, Skulpturen, Kronleuchter, Wandleuchter sowie Wandverkleidungen ...«[12]

Am 27. und 29. August 1944 wurde Königsberg von zwei verheerenden Luftangriffen heimgesucht, die 40 Prozent der Innenstadt zerstörten. Das Schloß brannte völlig nieder. Frau Liesel Amm, eine gute Bekannte der Familie Rohde, fuhr am Morgen nach der zweiten Bombennacht mit dem Fahrrad in die Innenstadt, um sich nach dem Schicksal ihrer Verwandten und Bekannten zu erkundigen. »Gottseidank waren alle noch am Leben. Gegen Mittag war ich im Schloßhof, traf dort Dr. Rohde. Ich fragte ihn nach dem Bernsteinzimmer. Er sagte nur ›Alles ist hin‹. Er ging mit mir in den Keller, wo ich eine honigähnliche Masse sah. Über das Thema Bernsteinzimmer wurde fortan im Kreis der Familie Rohde, bei der ich als Freundin von Rohdes Tochter Lotti oft zugegen war, nicht mehr gesprochen.«[13]

Doch Rohde hatte nicht die Wahrheit gesagt. Am 2. September 1944 schreibt er an Geheimrat Prof. Heinrich Zimmermann, Direktor der Berliner Gemäldegalerie: »Der Einfachheit halber bitte ich Sie, Herrn Prof. Dr. Schmidt, Berlin, Schloßmuseum, mitzuteilen, daß seine sämtlichen Leihgaben (Steinzeuge und Bernsteinobjekte) erhalten geblieben sind, ebenso Herrn Direktor Dr. Gall, daß das Bernsteinzimmer bis auf sechs Sockelplatten erhalten geblieben ist ...«[14]

Weshalb hatte Rohde gegenüber der Freundin seiner Tochter gelogen? Und wo konnte das Bernsteinzimmer den Brand überlebt haben?

Dr. Gerhard Strauss, Kunsthistoriker und Beamter des Königsberger Provinzialdenkmalamtes, traf am 30. August 1944 in der Schloßruine ein. Von Rohde »erfuhr ich, daß das Bernsteinzimmer im Keller des Schlosses erhalten geblieben war. Es stand auf dem Hof, Dr. Rohde erwog gerade seine Unterbringung am anderen Ort. Vorgesehen wurden gewölbte Räume im Nordteil des Schlosses.«

Das konnte nicht stimmen. Denn, so Frau Hirschmann: »Etwa Mitte des Jahres 1944 wurde damit begonnen, die Ausstattung der verschiedenen musealen Einrichtungen des Schlosses zu verpacken bzw. unverpackt in sichere Unterbringungsräume zu bringen. Das waren abgelegene Schlösser in der Umgebung von Königsberg, Kellerräume und Türme des Schlosses, ein Bunker im Botanischen Garten.

Nicht evakuiert werden konnten u. a. die Einlagerungen aus dem Katharinenpalais und den anderen Schlössern und Museen der Sowjetunion. Eine Ausnahme davon bildete lediglich das Bernsteinzimmer, welches unter Leitung von Dr. Rohde ausgebaut worden ist. Meiner Erinnerung nach sind einige Teile im Erdgeschoß des Südflügels untergestellt worden. Der vermutlich größere Teil ist, wie mir gegenüber auch der ehemalige Schloßoberinspektor Henkensiefken noch etwa 1971 oder 1972 erwähnt hat, in den Hochbunker im Botanischen Garten gebracht worden. Bei dem Luftangriff am 29. August 1944 brannte das Schloß bis auf ganz wenige Stellen vollständig aus. Dabei sind auch die genannten Einlagerungen aus der Sowjetunion restlos verbrannt.«

Bei den »Teilen im Südflügel des Erdgeschosses« handelte es sich um die 24 Spiegel und die im Brief Rohdes an Zimmermann für verbrannt erklärten sechs Sockelplatten. Der größere Teil der Bernsteintafeln war, wie Frau Hirschmann bekundete, ausgelagert worden.

Wie aber konnten die Kisten mit den ausgelagerten Tafeln schon am 30. August, also am Tag nach dem Bombardement, friedlich auf dem Hof der noch rauchenden Schloßruine stehen? Sollte Rohde in jenen Stunden nichts anderes zu tun gehabt haben, als das Bernsteinzimmer aus dem Bunker im Botanischen Garten zurückzuholen? Mußte er nicht einen erneuten Luftangriff befürchten?

Was also war in den Kisten, die Gerhard Strauss am 30. August auf dem Schloßhof sah?

Um die Aussage von Strauss »stimmig« zu machen, unterschlug Enke zunächst jenen Teil des Berichts von Frau Hirschmann, der auf die Auslagerung der Kisten in den Botanischen Garten hinwies, und behauptete, Friedrich Henkensiefken habe ausgesagt, das Zimmer sei in den Keller gekommen, »wo er es nach der Zerstörung des Schlosses unversehrt gesehen habe ...«[15]

Das hatte Henkensiefken nicht gesagt. Er hatte mit Rohde zusammen die Zerstörungen im Schloß besichtigt, wobei der ihm mitteilte: »Gottseidank ist wenigstens das Bernsteinzimmer erhalten geblieben.« Gesehen hat Henkensiefken das Bernsteinzimmer nicht.

An einer anderen Stelle seines Buches kommt Enke, der sonst in den Details so exakte Bernsteinzimmer-Forscher, auf Ida Hirschmann-Krügers Version zurück: In den »Botanischen Garten ... waren nach den Luftangriffen auch die Kisten mit dem Bernsteinzimmer gekommen. Dieser Tatsache war sie sich ganz sicher, zumal sie noch etwa 1971 mit dem ehemaligen Schloßoberinspektor Henkensiefken gesprochen und der ihr die Richtigkeit dieser Erinnerung bestätigt hatte.« (Seite 94)[16]

Weder Ida Hirschmann noch Friedrich Henkensiefken hatten je gesagt, die Bernsteinzimmer-Kisten seien *nach* den Luftangriffen ausgelagert worden.

Hatte Gerhard Strauss sich im Datum seiner Beobachtung auf dem Schloßhof geirrt? Wollte Alfred Rohde ihm und anderen Wißbegierigen etwas vorgaukeln? Jedenfalls können die Kisten am 30. August 1944 nicht im Schloßhof gestanden haben, wenn eine fast sensationelle Information, die ich im Sommer 1988 erhielt, zutrifft. Danach hatten sie sich vorher weder im Schloßkeller noch im Hochbunker des Botanischen Gartens befunden.

Im Frühjahr 1988 besuchte mich Tete Böttger, Inhaber des Arkana-Verlages in Göttingen. Er zeigte sich sehr interessiert an Enkes Buch und sagte, er plane selbst eine Publikation über das Bernsteinzimmer. Allerdings neige er mehr zu der Auffassung, das Bernsteinzimmer sei in Ostpreußen verblieben. Bei einem erneuten Zusammentreffen, ein paar Monate später, berichtete Böttger mir dann, er kenne einen ehemaligen Königsberger Feuerwehrmann, der um das Versteck des Bernsteinzimmers wisse und der Bundesregierung sein Geheimnis für zwei Millionen DM angeboten habe. Die Bundesregierung habe jedoch kein Interesse bekundet. Böttger hat sich später auch an Sucharbeiten im ehemaligen Ostpreußen beteiligt.

Erst zwei Jahre später wurde das Geheimnis gelüftet. Die Witwe von Wilhelm Stolzke, einst Oberleutnant der Königsberger Feuerschutzpolizei, sagte aus, ihr Mann habe im Sommer 1944 den Transport des Bernsteinzimmers in die Ordensburg Lochstädt an der Bernsteinküste begleitet, der Evakuierungsbefehl sei von Gauleiter Erich Koch ausgegangen. Allerdings war Stolzke nicht der Mann, der dieses Wissen der Bundesregierung angeboten hatte. Bei dem handelte es sich um einen Herrn Lindenberg.

Paul Enke hatte in Erfahrung bringen können, daß in die Gewölbe der Burg »bereits im September/Oktober 1944, aber auch noch später, Bibliotheken, Archive und Kunstschätze eingelagert« wurden. »Die Transporte sollen durch die Königsberger Feuerwehr erfolgt sein ... In der Tat waren Sammlungen des Königsberger Prussia-Museums nach Burg Lochstädt ausgelagert worden, darunter auch Bernsteinarbeiten. Sie wurden später mit einem Schiffstransport nach Schleswig-Holstein gebracht.«[17]

Kisten mit einem Teil der Studiensammlung des Prussia-Museums fanden sich 1945 in völlig desolatem Zustand bei Demmin in Mecklenburg. Wie sie dort hingekommen sind, weiß niemand – und wo ist die viel wertvollere Schausammlung verblieben? Die Kisten mit dem Bernsteinzimmer sollen am 2. September 1944 nach Königsberg zurückgekommen sein. Doch wo ist der Beleg dafür? Stoizke jedenfalls wußte davon nichts. Den einzigen »Beleg« dafür bildet der bereits zitierte Brief Alfred Rohdes vom 2. September 1944 an Geheimrat Zimmermann. Doch um zu wissen, daß das Bernsteinzimmer unversehrt geblieben war, bedurfte es nicht dessen (übrigens nirgendwo dokumentierter) Rückführung nach Königsberg. Ein Telefonat Rohdes mit der Burg Lochstädt hätte genügt.

Evakuierung?

Was lag näher, als angesichts der immer bedrohlicher werdenden Frontlage, besonders aber auch nach den Luftangriffen auf Königsberg vom 27. und 29. August 1944, an die Evakuierung der wertvollsten Schätze zu denken? Solche Pläne gab es schon im Frühherbst 1943. Als Auslagerungsort wurde die Burg Kriebstein im Zschopautal erwählt, und man schloß bereits einen Mietvertrag mit dem Inhaber, Baron von Arnim, ab. Am 23. November 1944 erarbeitete der Leiter des Referats Kunst, Musik, Museen, Burgen und Schlösser im Sächsischen Ministerium für Volksbildung, Arthur Graefe, einen Vortrag für den Gauleiter und Reichsstatthalter von Sachsen, Martin Mutschmann. Darin heißt es: »Im Auftrag von Gauleiter Koch – Königsberg kam Herr Landesbaurat Friesen zu Herrn Reichsstatthalter und verhandelte in Anwesenheit des Reichsstatthalters mit mir (ein entsprechender Brief von Gauleiter Koch ist unterwegs). Es handelt sich um die Unterbringung unersetzlicher Kunstschätze von hohem Denkmalwert aus der Provinz Ostpreußen (z. B. das berühmte Bernsteinzimmer, Geschenk Friedrichs des Großen an Zaren Peter III., das bei dem Terrorangriff auf Königsberg mit gerettet werden konnte ...).«[18]

Über die nicht gerade Fachkenntnis verratende historische Einordnung des Geschenks sei hinweggesehen. Interessant an den weiteren Ausführungen sind die vorgeschlagenen

Depots: die Kapelle auf der Sachsenburg (bei Heldrungen, Sachsen-Anhalt), Burg Kriebstein und Räume im Herrenhaus Großgrabe (bei Kamenz, Sachsen) sowie der Vermerk: »Vom Gau Königsberg würde in der nächsten Woche Herr Museumsdirektor Rohde, Königsberg, zur Besprechung der Einzelheiten wegen des Transports und der Unterbringung hier sein.« Auch die Wechselburg bei Rochlitz, Sachsen war im Gespräch.

Rohdes Auskunft wurde am 1. Dezember 1944 per Telegramm mitgeteilt: »Direktor Dr. Rohde aus Königsberg trifft als mein Vertreter am 4. Dezember früh in Dresden ein zwecks verabredeter Besichtigung von Bergungsstätten. Landesbaurat Friesen. Provinzialdenkmalamt Königsberg Pr.«[19]

Rohde kommt zur vereinbarten Zeit an, besichtigt die Wechselburg und befindet das Depot als geeignet. Von dort fährt er zur Burg Kriebstein. Auch die dortigen Räume finden seine Zustimmung.

Am 8. Dezember fährt Rohde nach Königsberg zurück. Wo er sich nach der Besichtigung von Wechselburg und Kriebstein aufgehalten hat, ist nirgends dokumentiert.

Das eigentliche Rätseln um das Schicksal des Bernsteinzimmers setzt erst hier, erst an dieser Stelle, ein. Denn nachweislich sind Kunstguttransporte aus Königsberg nach Sachsen gekommen. Am 19. Dezember 1944 wird die Burgverwaltung von Kriebstein von der Reichsbahn benachrichtigt, daß in Kürze zwei Eisenbahnwaggons aus Königsberg dort eintreffen würden. Kurz vor Weihnachten erreicht der Transport sein Ziel. Er enthält »sichergestellte« Kunstgüter aus der Sowjetunion – das Bernsteinzimmer ist nicht darunter. Auch in den übrigen für Verlagerungen aus Königsberg vorgesehenen Depots fand sich später keine Spur des Bernsteinzimmers.

Aber wieso? Das Bernsteinzimmer war doch, sollte es aus Lochstädt zurückgekehrt sein, transportbereit in Kisten verpackt. Und es stand ganz oben auf der Evakuierungsliste. Später erfand man die Version, Alfred Rohde habe als Beamter der Staatlichen Schlösser und Gärten gezögert, das Zimmer zu evakuieren, weil es dann aus seinem Verantwortungsbereich heraus und in die Verfügung von Gauleiter Koch gefallen wäre. Doch dann hätte sich auch Rohdes Reise nach Sachsen erübrigt. Ganz abgesehen davon, daß Koch später in einem Interview im Gefängnis von Barczewo aussagte, er hätte damals anderes zu tun gehabt, als sich um irgendwelche Kisten zu kümmern.

Sachsens Gauleiter und Reichsstatthalter Martin Mutschmann hätte inzwischen Koch schriftlich bestätigt, daß er dessen geraubte Schätze unter seine Obhut nehmen werde, schreibt Paul Enke. Das trifft zwar zu, doch mit dem Attribut »geraubte« sollten wir vorsichtiger umgehen. Koch folgte lediglich dem Vorbild seiner »Kollegen« in der Nazihierarchie, die eine private Kunstsammlung als standesgemäß betrachteten. Im Gegensatz zu dem Generalgouverneur von Polen, Hans Frank, hätte Erich Koch es nie gewagt, sich dem »Führervorbehalt« zu widersetzen.

So finden wir in dem, was über seine Sammlung dokumentiert ist, auch nur Zweit- und Drittrangiges. Die »wertvollsten« Stücke seiner Sammlung hatte ihm Hermann Göring als »echt« angedreht, darunter auch die vier Ansichten von Venedig von einem Nachahmer des Canaletto oder »Mädchen, eine Kerze haltend« von einem Nachahmer des Gottfried Schalcken. Ebensowenig echt waren ein Stilleben von Abraham van Beyeren und eine Flußlandschaft von Jan van Goyen. Zusammen mit vier anderen zweifelhaften Niederländern und den heiligsten Versicherungen, daß es sich um Spitzenstücke handele, ließ sich Göring diesen Schrott seiner »Carinhall«-Galerie von Koch mit 130 000 RM bezahlen. Trotzdem, die Kochsche »Raubsammlung« spielt eine nicht unwesentliche Rolle in dem Bernsteinzimmer-Puzzle.

Seit dem Abtransport des Bernsteinzimmers nach Burg

Lochstädt im Sommer 1944 hat es niemand mehr zu Gesicht bekommen. Jedenfalls wurden bei den umfassenden Nachforschungen seit den 50er Jahren keine Zeugen gefunden.

Im Oktober 1975 hat Enke das Manuskript seines vorläufigen Berichts über das Schicksal des Bernsteinzimmers Strauss zur Begutachtung geschickt. Strauss, seinerzeit schon Professor an der Humboldt-Universität zu Berlin, bringt etliche Einwände vor. Bemerkenswert an seinen Notizen ist vor allem: »Ich möchte schwören, daß Anfang Januar '45 Kisten im Schloßhof standen, von denen mir Rohde sagte, sie enthalten mindestens teilweise das Bernsteinzimmer. Nun standen die Kisten tatsächlich in der Hofecke, in der auch das Blutgericht existiert hatte (seit dem Luftangriff nicht mehr).«[20] Das »Blutgericht« war eine Gaststätte im Schloß Königsberg. Enthielten die Kisten wirklich das Bernsteinzimmer?

Enke geht in seinem Buch auf diese Anmerkung von Strauss nicht ein. Er schreibt jedoch, für Anfang Januar 1945 hätten Zeugen bekundet, »daß unter der Leitung des Schlossers Weiß und des Tischlers Mann, beide Angestellte des Museums, acht bis zehn Personen zu dieser Zeit die Bernsteintafeln unter Verwendung von Steppdecken, Federbetten und Kopfkissen in 25 – 30 Kisten verpackt haben. Das geschah auf dem Hof des vollständig zerstörten Schlosses«.[21]

Wer waren diese Zeugen? Später hieß es, Strauss selbst habe dies bekundet. Doch weshalb dann die Anmerkung: »Ich möchte schwören, daß Anfang Januar '45 ...«? Strauss wußte es bestenfalls aus einem »on dit«, war selbst nicht Augenzeuge. Und überhaupt, sollte Alfred Rohde tatsächlich eine derart unsinnige Anweisung gegeben haben? Federbetten ziehen Feuchtigkeit an, konservieren sie. Und das wäre bei den noch nicht absehbaren Transportbedingungen der sichere Tod der Bernsteinmosaike gewesen. Wenn das Bernsteinzimmer tatsächlich im Sommer 1944 nach Burg Lochstädt gekommen war, hatte man es ganz sicher schon seinerzeit sehr sorgfältig verpackt. Der damalige Ausbau des Zimmers geschah übrigens nicht als Vorbeugung gegen einen Luftangriff, vor dem sich Königsberg relativ sicher wähnte, sondern als Reaktion auf einen Brandanschlag, den wahrscheinlich Widerstandskämpfer gegen eine antisowjetische Hetzausstellung im Schloß verübt hatten. Die Bernsteinpaneele erlitten dabei Rauchschäden, der weiße Belag auf dem Bernstein konnte in mühevoller Arbeit wieder entfernt werden.

So ergibt sich der Schluß, daß niemand das Bernsteinzimmer mehr gesehen hat, nachdem es im Juni oder Juli 1944 nach Burg Lochstädt abgegangen ist – immer vorausgesetzt, daß die Angaben von Stolzke zutreffen.

Mitte Januar 1945 sollen die Kisten zum Königsberger Hauptbahnhof oder Güterbahnhof gekommen sein. So äußerte sich später auch Lotti Elias, Rohdes Tochter. Genau wußte sie es indes nicht: »Meines Wissens«, sagte sie, seien die Kisten dort gewesen. Am 23. Januar sei mit dem Vorstoß der Russen auf Elbing die Bahnverbindung nach Westen unterbrochen worden, und die Kisten seien zurückgeblieben.

Auch hierzu gibt es anderslautende Informationen. Die heute in Schwerin wohnende Frau Brigitte Birnbaum war noch um die Mittagszeit des 24. Januar in einem Bahnpostwaggon aus Elbing herausgekommen. Wenige Stunden vorher war ein Zug mit »Wertgütern« – an diese Bezeichnung erinnert sich Frau Birnbaum noch genau – aus Königsberg in Elbing angekommen. »Kettenhunde«, nach den um den Hals an Ketten gehängten Ausweisschildern so bezeichnete Angehörige der berüchtigten Feldpolizei, räumten die Waggons aus und warfen die Kisten auf das Nebengleis.

»Die leeren Waggons wurden gestürmt. Der Zug fuhr ab. Ohne uns.«[22]

Vielleicht hat es sich so zugetragen. Vielleicht enthielten diese Kisten das Bernsteinzimmer. Vielleicht ...

Transporte auf der Ostsee

In der Nacht vom 22. zum 23. Januar 1945 wird der in der Königsberger Schichau-Werft liegende Kreuzer »Emden« mit den Särgen des Ehepaares Hindenburg, etwa 250 historischen Regimentsfahnen und Ehrenzeichen sowie anderen Militaria beladen. Die Särge und die Militaria waren erst am 20. Januar aus dem Ehrenmal Tannenberg geholt worden. Mit Eisbrechern wird die kaum manövrierfähige »Emden« über das zugefrorene Frische Haff nach dem Hafen Pillau auf der Frischen Nehrung geschleppt. Dort wird ein Teil der etwa 500 Kisten eiligst auf das Passagierschiff »Pretoria« umgeladen, das bereits am folgenden Tag mit ungefähr 1 000 Flüchtlingen an Bord, darunter Königsbergs Parteiprominenz, in See sticht und am 26. Januar in Swinemünde anlegt. Ein Teil der Fracht, darunter die beiden Särge, kommt zwei Monate später in den Kalischacht Bernterode, 35 km südwestlich von Nordhausen. Die Vermutung, die Fracht habe auch die Kisten mit dem Bernsteinzimmer enthalten, bestätigte sich nicht. Zumindest insofern nicht, als sie nicht an Bord der »Emden« waren, als die von Königsberg losmachte. Aber vieles von dem, was die »Pretoria« an Bord nahm, war vorher auf dem Landweg nach Pillau gekommen. Die »Emden« selbst legte erst am 31. Januar von Pillau ab, kam am 6. Februar in Kiel an und brannte ein paar Tage darauf bei einem Bombenangriff aus.

Eine weitere Version des Abtransports aus Königsberg betraf die »Wilhelm Gustloff«. Der zum U-Boot-Lehrschiff und später Lazarett umgebaute Liner der NS-Freizeitorganisation »Kraft durch Freude« (KdF) war am 30. Januar mit über 5 000 Flüchtlingen an Bord zwanzig Seemeilen vor Stolpmünde (Ustka) gesunken, getroffen von drei Torpedos des russischen U-Bootes S-13.

Anfang August 1973 startete die polnische Regierung eine aufwendige Suchaktion, an der drei Schiffe, die »Kozoroziec«, die »Constellation« und die »Czapla« beteiligt waren. Es war sogar geplant, das in 45 m Tiefe liegende »Navigationshindernis Nr. 73« zu heben. Das mißlang. Die Untersuchungen an dem Wrack zogen sich bis 1975 hin, ohne daß die Taucher in alle Räume eindringen konnten.

Anlaß für die Tauchaktion soll eine Aussage des in Barczewo zu lebenslänglicher Haft einsitzenden Gauleiters Erich Koch[22] gewesen sein, das Bernsteinzimmer sei von Königsberg nach Danzig gebracht und auf ein deutsches Schiff verladen worden. Von solcherlei Aussagen des Ex-Gauleiters ließe sich wenigstens ein Dutzend zitieren. Der Phantasie geltungssüchtiger Journalisten, von denen überdies die wenigsten den berüchtigten Massenmörder je gesprochen hatten, war keine Grenze gesetzt.

Für den Sommer 1990 war eine erneute Tauchaktion geplant. Doch sie kam nicht zustande. Polen hatte wichtigere Probleme zu lösen, als die Hebung oder Durchsuchung eines Wracks, das möglicherweise noch Werte aus der persönlichen Habe der Passagiere enthielt. Die damals in Gotenhafen hinterlegte Kopie der Ladeliste der »Gustloff« gab keinerlei Hinweis auf die kostbare Wandtäfelung. Das schließt indes nicht aus, daß sie im letzten Moment doch noch an Bord gebracht worden sein konnte. Dem allerdings stünde entgegen, daß Magdalene Rau, die Sekretärin Rohdes, am Tag ihrer Flucht aus Königsberg, dem 25. Januar 1945, die Kisten mit dem Bernsteinzimmer noch in einem Keller der Königsberger Schloßruine gesehen haben will. Aber eben wiederum nur Kisten, von deren Inhalt sie sich nicht überzeugen konnte.

Ein Abtransport nach Westen, also auch nach Gotenhafen, von wo die »Gustloff« auslief, wäre allerdings zu dieser Zeit nicht mehr möglich gewesen. Doch wie konnte Magdalene Rau die vermeintlich das Bernsteinzimmer enthaltenden Kisten am 25. Januar friedlich im Schloßkeller lagernd gesehen haben, wenn erst an diesem Tag der Schienenweg nach Westen abbrach? Und wiederum: Niemand hat bisher bezeugen können, daß und wann die Bernsteinzimmerkisten zum Königsberger Bahnhof abgingen und wann sie wie, auf welchem Wege in die Schloßruine zurückkamen.

Als polnische Zeitungen in den 70er Jahren von der Untersuchung des Wracks berichteten, meldeten sich mehrere Leser. So auch ein Mann, der 1944/45 auf dem Schlepper »Pinguin« gedient hatte. Er sagte aus, daß ein paar Tage vor dem Auslaufen der »Gustloff« eine Lkw-Kolonne eingetroffen sei. Unter der Leitung eines SD-Offiziers seien stark beschlagene Holzkisten, etwa 2 x 1,5 m groß, an Bord gehievt worden. Die Leute, die mit der Verladung der Kisten beauftragt waren, seien dann an Bord der »Gustloff« verblieben, obgleich wehrfähige Männer nicht mitfahren durften. Ein weiterer Zeuge, Augustyn Bendik, sagte aus, Erich Bittner, Oberbootsmann der »Gustloff«, den er gut kannte, habe ihm mitgeteilt, das Schiff habe Gegenstände aus einem russischen Zarenschloß an Bord genommen, die unterwegs auf ein anderes Schiff umgeladen werden sollten.

Man hätte die beiden Zeugenaussagen mit dem Vermerk »zu dürftig« zu den Akten legen können, ganz zu schweigen von den Angaben des ehemaligen Gauleiters. Doch da meldete sich auf eine Veröffentlichung der »Berliner Zeitung« im Sommer 1974 über die Taucharbeiten vor der polnischen Ostseeküste ein Mann aus Weimar. Hans Stadelmann, ein ehemaliger Marinetaucher, wußte zu berichten, daß er seit Februar 1945 in der Lübecker Bucht am Umbau eines Seglers beteiligt gewesen sei, der vor Bornholm von der »Gustloff« Fracht übernehmen sollte. Dabei sollte es sich um das »Gold der Ostsee«, einen »unersetzlichen Schatz« handeln. »Nur eine Segelmannschaft und Maschinisten (etwa 8 bis 10 Mann) mit Leutnant Weller haben den Hafen verlassen. Es wurden verschiedene Sprachkurse intensiv durchgeführt, z. B. habe ich an einem Spanisch-Kurs teilgenommen«, schreibt Stadelmann.

Leutnant Weller? Ein Mann dieses Namens, allerdings Kapitän, war am 25. Februar 1945 von Hamburg nach Gotenhafen beordert worden, um die »Gustloff« als Wachoffizier zu begleiten. Zwar ist der Name Weller so selten nicht, doch möglicherweise handelte es sich um einen Verwandten des Kapitäns von der »Gustloff«. Paul Enke hat in seinem Buch den Namen offenbar deshalb nicht erwähnt, weil sich der »Geistersegler« nicht so recht in seine Hypothese einfügte. Dennoch leugnete er nicht die Möglichkeit, daß das Bernsteinzimmer auch auf diesem Weg abtransportiert worden sein könnte.

Im Juni 1987 schließlich geht ein Brief von Frau Eleonore Petke ein. Frau Petke schreibt, ihr Mann sei Schiffsoffizier gewesen und habe ihr erzählt, Ende Januar 1945 sei eine Fahrzeugkolonne in Gotenhafen eingetroffen. SS-Offiziere seien an Bord der »Gustloff« gekommen und hätten befohlen, das Deck sofort zu räumen. »Neben der Gustloff lag ein umgebautes U-Boot ohne Bewaffnung und andere Aufbauten. Mein Mann konnte nun beobachten, daß dieses U-Boot schnell mit großen, länglichen Kisten beladen wurde und sofort auslief ... Mein Mann hörte während der Verladearbeiten ein Gespräch von SS-Offizieren mit. Aus dem Gespräch ging hervor, daß das U-Boot östlich von Bornholm seine Fracht auf ein Segelschiff umladen wird ...«

Stadelmanns Erinnerung nach begann der Umbau des Segelschiffs erst im Februar 1945. Doch da gab es keine »Wilhelm Gustloff« mehr. Und wie Stadelmann angab, sollte das Rendezvous des Segelschiffs mit der »Gustloff« erst im April 1945 stattfinden.

Noch waren die Taucher vor der polnischen Ostseeküste am Werk, als eine neue Version auftauchte. Die polnische Zeitung »Wieczór Wybreza« fragte am 5. Dezember 1974: »War die ›Robert Ley‹ eine zweite ›Wilhelm Gustloff‹?« Ein Leser hatte im März 1945 in Gotenhafen beobachtet, daß der Namenszug der »Robert Ley«, des KdF-Schwesternschiffs der

»Wilhelm Gustloff«, mit grauer Farbe übermalt wurde. In der zweiten Märzhälfte seien zwei Pkw und drei Lkw der Wehrmacht im Hafen angelangt, und etwa 35 Kisten seien auf die »Robert Ley« verladen worden. Die Zeitung vermutete nun, man hätte das Schiff zur Tarnung in »Wilhelm Gustloff« umbenannt. Beide Schiffe sahen sich zum Verwechseln ähnlich, doch war die »Ley« kein Lazarettschiff wie die »Gustloff«, sondern ein Truppentransporter.

Die »Robert Ley« lief um dem 20. März 1945 von Gotenhafen aus und erreichte am 24. März Hamburg. Dort geriet sie in einen britischen Bombenangriff und brannte völlig aus. Zwei Jahre später wurde das Wrack verschrottet.

Einer anderen Version zufolge soll Koch behauptet haben, das Bernsteinzimmer sei mit seiner privaten Kunstsammlung aus Königsberg evakuiert worden. Diese Information hatte Paul Enke unter anderem von Alexander Michailowitsch Kutschumow, dem Direktor des Katharinenpalais in Puschkin, bekommen. Doch auch Kutschumow hatte Koch nie persönlich gesprochen. Woher hatte er diese »Information«?

Enke wies in seinem Buch nach, daß ein Abtransport des Bernsteinzimmers auch zwischen dem 19. Februar und dem 6. April noch möglich gewesen wäre. Die Rote Armee hatte zwar am 31. Januar den Landweg (Reichsstraße 131) von Königsberg nach Pillau abgeschnitten. Doch konnte eine Gegenoffensive der deutschen Truppen vom 19. bis 22. Februar die Landverbindung wieder freikämpfen, für die dann bis zur Einnahme von Königsberg ein unausgesprochener Waffenstillstand herrschte.

Für wahrscheinlicher aber hielt Enke, daß das Bernsteinzimmer noch vor dem 31. Januar 1945 aus Königsberg herausgekommen sein mußte. Denn die private Kunstsammlung von Erich Koch traf am 9. Februar 1945 in Weimar ein. Angesichts der Information Kutschumows war dies fast der Beweis, auch wenn die Frachtliste das Bernsteinzimmer nicht aufführte. Natürlich hätte Koch seine Sammlung schon weit früher evakuieren und beispielsweise in Berlin zwischenlagern können, eine Möglichkeit, die Paul Enke entgangen war.

Zu erwähnen wäre auch die dubiose Geschichte mit den Bernsteinsplittern, die 1949 in der Durchfahrt des zerstörten Albrechtstores des Königsberger Schlosses gefunden wurden. Stammten sie tatsächlich von einer Kiste des Bernsteinzimmers, die bei dessen Abtransport mit dem Albrechtstor kollidiert war? Das Königsberger Schloß beherbergte auch andere Bernsteinsammlungen. Wann zerbrach die Kiste? Weder Frau Hirschmann-Krüger noch Herr Henkensiefken erinnerten sich an einen solchen Vorfall. Folglich muß er sich nach ihrer Abreise Ende September 1944 oder aber früher ereignet haben.

Im übrigen soll es dreimal zu solchen Vorfällen gekommen sein. In Königsberg, in Reinhardsbrunn und in Bad Sulza. Eindeutig belegt ist nur der Vorfall in Reinhardsbrunn. In Königsberg kann er sich bereits bei der »Anlieferung« der kostbaren Paneele aus Puschkin oder auch schon weit früher ereignet haben, es mußte sich nicht unbedingt um das Bernsteinzimmer handeln. Denn: »Die Splitter waren aber derartig, daß man nicht feststellen konnte, ob es sich um unbearbeiteten oder bearbeiteten Bernstein gehandelt hatte ...«[24]

Enke war jedenfalls gewissenhaft genug, diesen Fund nicht unbedingt als Beleg für seine Hypothese anzuführen. Und die Sache mit den Bernsteinsplittern in Bad Sulza war offenbar eine Erfindung von Enkes Fahnderkollegen Georg Stein aus Stelle bei Hamburg, die dieser 1984 in der Hamburger »Zeit« veröffentlichte. Enke wußte davon nichts, obgleich Stein die Information von ihm gehabt haben wollte.

Paul Enke hat in seinem »Bernsteinzimmer-Report« stets die Möglichkeit offengelassen, daß andere Hypothesen als die seine ebenfalls zutreffen könnten. So räumte er auch den Versionen seines »Kollegen« Georg Stein durchaus eine gewisse Wahrscheinlichkeit ein. Stein verfügte über Informationen zur

Salzmine Wittekind in Volpriehausen bei Göttingen, die in dem Puzzle des Bernsteinzimmergeheimnisses bis in die jüngste Zeit eine Rolle spielen. Endgültig widerlegt sind sie bis heute nicht. Doch darauf kommen wir im folgenden Kapitel zurück.

DAS DRITTE KAPITEL

Zwischenstation Weimar? Paul Enkes Schlüsse. »Geheime Kommandosache« nach Bernterode. Die 10 Kisten. »Das Bernsteinzimmer im Thüringischen«. Die Sache mit dem Schweizer Lkw. Die Funksprüche des Sturmbannführers Wyst. Rätseln um BSCH. Das Geheimnis von »Olga« und S III. Aktion »Weiße Erde«. Der Trugschluß mit Reinhardsbrunn. Die Erinnerungen des Alfons Kairis. Anfragen im Bundestag. Die Ereignisse in der Schachtanlage Wittekind. Georg Steins letzte Hypothesen und sein Tod.

Die zwingende Hypothese

Die Aussage des ehemaligen Direktors des Katharinenpalais, Alexander Michailowitsch Kutschumow, Ex-Gauleiter Erich Koch habe zu verstehen gegeben, das Bernsteinzimmer sei mit seiner privaten Kunstsammlung aus Königsberg evakuiert worden, war für Paul Enke eine Art letztgültiges Axiom. Sie bestätigte seine Vermutungen, machte sie zu einer geradezu zwingenden Hypothese. Hinzu kam ein Brief Rohdes, aus dem hervorging, er habe die Schätze des Minsker Museums, Bildersammlungen, andere Wertgegenstände und Bernsteinsammlungen, »die mir aus den Museen Rußlands übergeben wurden ... auf Anweisung der Schlösser-Verwaltung in Berlin verpackt und an sichere Stellen gebracht – Güter in Ostpreußen und auch in Sachsen«.[25] Mit »Bernsteinsammlungen« hatte Rohde indes das Bernsteinzimmer gewiß nicht gemeint, obgleich Paul Enke auch hier einen Hinweis auf das Zimmer vermutete. Durchaus verständlich angesichts der dürftigen Beweislage.

In Weimar entdeckte Enke das »Verzeichnis der von Gauleiter Koch, Königsberg, am 9. Februar 1945 als Museumsgut im Landesmuseum eingestellten Museumsgegenstände«. Darunter befanden sich auch Dinge wie silberne Wandleuchter, die aus dem Ensemble des Bernsteinzimmers stammen konnten. Er zog nun einen recht kühnen Schluß: Der Zeitpunkt der Ankunft von Kochs Kunstsammlung in Weimar falle zusammen mit dem der Einlagerung der Särge und Militaria aus Tannenberg im Kalischacht Bernterode. Diese Objekte sollen in einem Eisenbahnzug nach Bernterode gekommen sein. Enke vermutete nun, in dem Zug hätte sich neben Kochs Sammlung das Bernsteinzimmer befunden. Beides sei dann von Bernterode per Lkw nach Weimar gebracht worden.

Er führte als Zeugen den damaligen Feuerwerker Erwin Klingenberg an, der über die Einlagerungen in Bernterode berichtete: »Unter strengster Geheimhaltung wurden im Februar 1945 durch ein Kommando der Wehrmacht unter Beisein der hiesigen Feuerwerker vier Särge mit Hindenburg und Frau sowie die Standarten und Fahnen des alten Heeres (1914-1918), Friedrich Wilhelm I. und Friedrich II. im Schacht der Heeresmunitionsanstalt Bernterode untergebracht. Etwas später wurden die preußische Staatsgalerie sowie die Bibliothek von Sanssouci, die Reichskleinodien und die Akten des Katasteramtes Kassel eingeliefert.«[26]

Auch in dieser Information finden sich Ungenauigkeiten. Die Särge Friedrich Wilhelms I. und Friedrichs II. kamen ebenso wie die anderen Objekte aus Potsdam erst Mitte März 1945, und zwar per Lkw, nach Bernterode. War Erwin Klingenberg fehlinformiert worden, oder trog ihn seine Erinnerung nach 40 Jahren? So ganz unwesentlich war dies nicht. Denn die Frage, weshalb die Amerikaner erst über zwei Wochen nach ihrer Besetzung von Bernterode den Hort im Bergwerk »entdeckten«, ist bis heute ungeklärt.

Neueren Informationen zufolge sollte der aus 16 bis 18

Waggons bestehende Zug mit den Hindenburgsärgen, Militaria sowie Kunstgut – vornehmlich, aber nicht ausschließlich »mit Beziehung zum militärischen Bereich« – aus den Wehrkreisen Königsberg, Stettin, Brandenburg, Dresden, Breslau, Danzig und Posen ursprünglich Bad Berka, 10 km südlich von Weimar anlaufen. Weshalb der Zug umdirigiert wurde, wissen wir nicht. Sollte der Zug die Kunstsammlung von Koch enthalten haben, läge es nahe, daß sie bereits bei Bad Sulza auf Lkw umgeladen wurde und so nach Weimar kam.

Der Kunstgutzug der Wehrmacht war »Geheime Kommandosache«. Den Befehl für diesen Sammeltransport hatte General Friedrich Olbricht, Chef des Allgemeinen Heeresamtes, schon im Frühjahr 1944 erteilt. Olbricht wurde als einer der Hauptverantwortlichen für die Operation »Walküre« am 20. Juli 1944 standrechtlich erschossen.

Durch nichts ist allerdings belegt, daß Erich Koch seine Kunstsammlung erst im Januar 1945 aus Königsberg evakuiert hat. Der Verantwortliche für den Transport, Major im Generalstab Horst Norbert Piltz, konnte sich lediglich erinnern, daß der »Oberpräsident von Preußen« (Koch) 10 gleichgroße Kisten für den Abtransport bereitgestellt habe, von deren Inhalt weder der Kommandierende General des Wehrkreises Ostpreußen (Kienitz) noch er etwas gewußt hätten. Die Kisten seien mitgenommen worden, weil man mit zivilen Kunstschätzen großzügig verfahren sei.

Doch die Sammlung von Koch hätte sich in 10 Kisten nicht unterbringen lassen.

Viel wahrscheinlicher ist, daß der Gauleiter und Oberpräsident von Ostpreußen seine Sammlung schon 1944 in die Burg Lochstädt evakuieren und von dort gen Westen abtransportieren ließ. Nicht auszuschließen ist dagegen, daß die Kisten einen Teil des Bernsteinzimmers enthielten. Aber kamen sie tatsächlich nach Thüringen, wie Enke »mit an Sicherheit grenzender Wahrscheinlichkeit« konstatierte?

Vielmehr hätte es doch nahegelegen, sie in Bernterode einzulagern. Das Objekt Bernterode gibt allerdings eine ganze Kette von Rätseln auf. Der Schacht war in keiner Weise auf die Einlagerung der nicht nur von Hitler als Nationalheiligtümer verehrten sterblichen Überreste der Hindenburgs und der beiden Preußenkönige sowie der preußischen Kroninsignien vorbereitet. In unmittelbarer Nähe des zugemauerten Depots in 550 m Tiefe lagerten etwa 40 000 t Munition und Dynamit. Und was ist mit dem Inhalt der anderen Waggons geschehen? Was in Bernterode deponiert wurde, hätte bestenfalls in zwei Waggons Platz gefunden.

Gestützt wird Enkes Hypothese von einer Aussage der Berliner Kunsthistorikerin Margarete Kühn gegenüber der Wochenzeitung »Die Zeit«: »Das Bernsteinzimmer ist nach Südwesten, nach Süden gebracht worden, nach Mitteldeutschland. Dort ist es im Thüringischen.«[27] Frau Kühn war Mitarbeiterin des Direktors der Verwaltung Staatliche Schlösser und Gärten, Dr. Ernst Gall, gewesen. Diese Aussage erschien Enke vor allem deshalb verheißungsvoll, weil die Suche in den von Rohde vorgesehenen Depots in Burg Kriebstein und in der Wechselburg erfolglos geblieben war.

In den Unterlagen, die Paul Enke in Weimar über die Kunstsammlung Koch entdeckte, fand sich kein Hinweis auf das Bernsteinzimmer. Dennoch beharrte er auf dem Konnex Kochsammlung/Bernsteinzimmer.

Das war so weit hergeholt nicht. Denn Enke war von Anfang an davon ausgegangen, daß das Bernsteinzimmer einer deutschen Nachkriegsregierung als Unterpfand für spätere Friedensverhandlungen mit den Siegermächten dienen sollte. Diese Absicht bestand tatsächlich, wie aus einem undatierten Aktenvermerk für Reichsleiter Alfred Rosenberg[28] hervorgeht. In Thüringen wurde seit Herbst 1944 an bombensicheren Unterkünften für das Führerhauptquartier und die Reichsregierung gebaut. KZ-Häftlinge aus Buchenwald trieben oberhalb

des Jonastals bei Arnstadt ein Stollenlabyrinth in das Kalk-
steingebirge, in dem die Herrscher über das recht klein gewordene Großdeutsche Reich künftig zu residieren gedachten.
In einer Kalimine im thüringischen Merkers bei Bad Salzun-
gen wurden etwa 80 Prozent der Gold- und Devisenschätze
Deutschlands sowie ein Viertel der Berliner Kunstschätze eingelagert. Friedrichroda erhielt in dem mit dem Code S III ver-
sehenen Geheimunternehmen die Bezeichnung »Wolfsturm«.
Die Wortverbindung mit »Wolf« deutete, so Enke, stets auf ein
Objekt des Führerhauptquartiers hin. Für das Zentrum dieses
Objektes hielt Enke das bei Friedrichroda gelegene Schloß
Reinhardsbrunn. Und hier wurde der rührige Bernsteinzim-
mer-Forscher fündig.

In Reinhardsbrunn waren tatsächlich Kisten mit Bernstein
angekommen. Die Pförtnerin und ein Zimmermädchen des
später als Hotel dienenden Schlosses erinnerten sich, daß im
Bogengang unter dem Ahnensaal Kisten mit Bernstein gestanden hätten. Der Durchgang war dann mit Bretterverschlägen
verschlossen worden. Anfang April, kurz vor dem Eintreffen
der Amerikaner, wären die Kisten abgeholt worden. Eine Kiste sei bei dem Abtransport zerbrochen, und Bernsteinstücke
seien auf die gepflasterte Einfahrt gefallen. Feuerwehrschüler
hätten dann Ende der 40er Jahre auf dem Dachboden eines
der Schloßgebäude die Bernsteinplatten gefunden und sie zu
dem beliebten »Butterbrotspiel« auf den Schloßteichen verwendet. Da die Teiche später ausgebaggert worden waren,
konnten keine Nachforschungen mehr angestellt werden.

Die Kunstsammlung des Gauleiters soll am 9. und 10. April
1945 aus Weimar wieder abtransportiert worden sein. Ein Lkw
des Roten Kreuzes mit schweizerischem Kennzeichen habe
unter der Leitung eines Fliegeroffiziers, den Enke als den
Standartenführer des Nationalsozialistischen Fliegerkorps
(NSFK) Albert Popp identifizierte, den Abtransport besorgt.
Popp war es auch, der die Sachen nach Weimar gebracht hat-

te. Mit den Transporten vom 9. und 10. April waren zwei Drittel der Sammlung abgeholt worden. Dann standen die Amerikaner »ante portas«, und nichts ging mehr. Die zurückgebliebenen Kunstwerke hat der Direktor der Kunstsammlungen zu Weimar, Dr. Walter Scheidig, später den Russen übergeben, obgleich ein Teil der Gemälde kein Raubgut aus russischen Museen war.

Die Sache mit dem Schweizer Lkw des Roten Kreuzes hatte übrigens einen realen Hintergrund. Die Schweizer hatten im Herbst 1944 mit Unterstützung einflußreicher Kreise in den USA eine Aktion für den Freikauf jüdischer Häftlinge aus Konzentrationslagern gestartet. Sie stand unter der Leitung von Benois Musy, einem Sohn des schweizerischen Expräsidenten Pièrre Musy. Wie sich Albert Popp eines dieser Lkw bemächtigt hat, ist ungeklärt. Benois Musy, ein begeisterter Rennfahrer, kam nach dem Krieg unter rätselhaften Umständen bei einem Autorennen in Paris ums Leben.

Ob es ich bei dem Lkw tatsächlich um ein Fahrzeug aus Musys Kolonne gehandelt hatte, ist allerdings in Zweifel zu stellen. Wehrmacht wie SS tarnten damals ihre Transporte auch mit Schweizer Kennzeichen und dem Roten Kreuz auf der Plane.

Daraus, daß der Lkw am 10. April nach Weimar zurückgekehrt war, zog Paul Enke zwei Schlüsse. Erstens mutmaßte er, daß es dasselbe Fahrzeug gewesen war, das die Kisten mit dem Bernsteinzimmer vor dem 5. April 1945 aus Reinhardsbrunn abgeholt hatte. Zweitens glaubte er, unter Berücksichtigung aller Umstände die Entfernung feststellen zu können, die ein Lkw damals an einem Tag zurücklegen konnte. Enkes Schlüsse waren durchweg logisch. Im Westen standen bereits die Amerikaner. Der Transport mußte folglich nach Westsachsen gegangen sein. Enkes Berechnungen, welche Entfernung ein Lkw an einem Tag zurücklegen konnte, blieben bei Westsachsen, Raum Aue, stehen.

Rätseln um BSCH

Natürlich, so konstatierte Enke, wäre Anfang April 1945 ein Abtransport der Kochsammlung und der Bernsteinkisten von Weimar oder Reinhardsbrunn nach Norden noch denkbar gewesen. Und selbst die Richtung Süden hielt er noch für möglich. Aber das war ein Trugschluß, jedenfalls soweit es Weimar betraf.

Doch für den Raum Aue gab es schwergewichtige Informationen. So fand Enke in einem Dokumentenfilm über den ERR den Bericht über eine Reise von Stabseinsatzführer Herbert Lommatzsch Ende Oktober 1944 nach Aue. Lommatzsch suchte nach einem Ausweichquartier für das Raubgut des ERR. Ein Gaugeschäftsführer Müller wies dem ERR dabei einen Ausweichort zu. »Die Wahl von Aue bzw. des Kreises Aue erfolgte deshalb, weil von da eine kurze Stichbahn nach Karlsbad führt und außerdem die Lage im Erzgebirge eine ziemliche Sicherheit garantiert« , schrieb Lommatzsch.

Im Bericht von Obereinsatzführer Natusch über eine Reise nach Karlsbad vom 13. bis 17. November 1944 heißt es dann jedoch: »Nach Mitteilung von Stabseinsatzführer Lommatzsch wurde das von ihm vorgesehene Projekt in Aue abschlägig beschieden.«[28] Allerdings waren vom NSDAP-Kreisleiter für Aue, Hentschel, bereits konkrete Objekte benannt worden. Und eben hier setzte der Bernsteinzimmer-Fahnder an. Es gab also Depotmöglichkeiten, die mit einiger Wahrscheinlichkeit schon vorbereitet waren.

Seinen Urlaub verbrachte das Ehepaar Enke jahrelang in diesem Raum und erfuhr so manche Merkwürdigkeit. Da gab es ein Foto aus dem Jahre 1927 von einem inzwischen verschollenen Stolleneingang, an den sich so mancher »Ureinwohner« noch genau erinnern konnte. Da gab es das aufgelassene Kaolinbergwerk »Weiße Erde«, auf dessen Gelände sich der Luftschutzbunker der NSDAP-Kreisleitung befunden haben sollte. Da hatte es eine SS-Einheit in unmittelbarer Nähe gegeben, und Zeitzeugen wußten noch von häufigen Transporten in diese Gegend. Da gab es den bis heute nicht erforschten »Osterlammstollen«. Da gab es ein Denkmal für erschossene KZ-Häftlinge, und Enke mutmaßte, daß sie das Bernsteinzimmer sowie die Koch-Schätze verborgen hätten und danach als unbequeme Mitwisser erledigt worden seien.

Das Gebiet um Aue war nach Kriegsende längere Zeit unbesetzt. In jenen Tagen sollen wiederholt US-Offiziere dort aufgetaucht sein, die sich nach einem Depot erkundigten.

Und hier, in Schlema bei Aue, ließ sich nach Kriegsende SS-Sturmbannführer Gustav Wyst nieder. Wyst war für Enke gewissermaßen die Sahne zum Kaffee, das Stück, das sich in das Puzzle genau einpaßte.

Die Illustrierte »Freie Welt« hatte im Jahre 1959 eine Artikelserie über das verschollene Bernsteinzimmer veröffentlicht und Zeugen gebeten, sich zu melden. Eines Tages erschien der damals 23jährige Rudolf Wyst bei der »Freien Welt« und lieferte den Redakteuren eine schier unfaßbare Story: »Ich habe ja nicht gewußt, daß ihr noch danach sucht, sonst wäre ich schon früher gekommen. Aber wenn das Ganze an die Öffentlichkeit gebracht werden soll, dann bitte ich um ein Pseudonym. Ich will nicht für das mitverantwortlich gemacht werden, was mein Vater angestellt hat.«

Wir wollen uns hier die Lebensgeschichte des Gustav Wyst, eines der »kleineren« Kriegsverbrecher, ersparen. Rudolfs Wunsch wurde entsprochen. Sein Vater figurierte in den künftigen Berichten über das Bernsteinzimmer als »Georg Ringel«.

Rudolf Wyst berichtete nun, seine aus Königsberg stammende Familie wohnte seit 1944 im sächsischen Crimmitschau, Beckmannstraße 6. Dort sei im Februar 1945 auch der Vater eingetroffen, in Zivil gekleidet, mit einem Seesack und einem Koffer. Unmittelbar danach verschwand er für etwa zehn Tage. Als später die Amerikaner kamen, »wies Vater ein

Papier vor«. Der amerikanische Offizier »las das Papier, grüßte, sprach zwei, drei Worte und zog mit seinen Leuten ab«.

Danach war Rudolfs Vater im April 1945 wieder für ein paar Tage abwesend. »Nach dem Einmarsch der Russen zogen wir im Februar 1946 nach Schlema.« Dieses Schlema trug auch, berechtigt oder nicht, den Namen »Bad Schlema«. Es gibt etliche Urlauberorte in der einstigen DDR, die sich diesen Beinamen zugelegt haben. In diesem Fall war es für die späteren Irrungen und Wirrungen um das Bernsteinzimmer durchaus von Bedeutung.

»Nachdem meine Großmutter Pfingsten verstorben war, ergab es sich ziemlich schnell, daß wir nach Elsterberg verzogen ...« Rudolf fügte noch hinzu, sein Vater habe damals aus ihm unbekannter Quelle regelmäßig Geld bezogen. Im Oktober 1947 verstarb Gustav Wyst im Greizer Krankenhaus an Lungentuberkulose.

»Ich kann nicht genau angeben, ob es im gleichen oder erst im nächsten Winter war, als ich im Schuppen beim Brennmaterialholen in einem Sack mit feuchter Braunkohle auf eine Kartentasche stieß. Sie war grün von Schimmel. Drei Schlüssel hingen an einem Trageriemen. Das Schloß war den heiligen drei Affen nachgeformt. Nach einigem Probieren gelang es mir, die Tasche zu öffnen. Sie ließ sich in drei Abteilungen aufklappen und enthielt außer nassen, sich zum Teil auflösenden Papieren auch dünne Glasscherben, an denen ich mir die Finger verletzte.

Nachdem ich festgestellt hatte, daß es sich um Befehle, Quittungen, Karten, Ausweise und ähnliches aus dem II. Weltkrieg handelte, beschloß ich, das ganze Zeug zu verbrennen. Auf die Idee, es abzuliefern, kam ich überhaupt nicht. Beim Auseinanderklappen der einzelnen, zum Teil abbröckelnden Papierpakete fiel mir das Wort ›Königsberg‹ auf. Hier las ich einige Blätter, soweit das möglich war ... Ich habe das Zeug dann verbrannt. Auf diesen Papieren und auf einigen Erzäh-

53

lungen meines Vaters vor seinem Tode beruht mein ganzes Wissen, und das ist wenig genug.« Die »Erzählungen meines Vaters« betrafen das Bernsteinzimmer. Rudolf hatte es im Alter von sieben Jahren noch im Königsberger Schloß gesehen, und kurz vor seinem Tod hatte Gustav Wyst seinem Sohn anvertraut, er habe das Bernsteinzimmer verborgen.

Die »Freie Welt« informierte damals die russischen Instanzen, die Rudolf Wyst nach Moskau und Kaliningrad (ehem. Königsberg – G.W.) holten. Dort gab er auch zu Protokoll, was, seiner Erinnerung nach, in den von ihm entdeckten Fragmenten gestanden habe. Niedergeschrieben von einer russischen Stenotypistin auf einer Schreibmaschine mit kyrillischen Buchstaben und rückübersetzt ins Deutsche, ergaben sich dann folgende Texte:

1. »Befehl an Sturmbannführer Wyst:
Voraussichtlich gilt für Königsberg bald Unternehmen Grün. Deshalb haben Sie die Aktion Bernsteinzimmer durchzuführen und es in das Ihnen bekannte BSCH zu bringen ... Nach Ausführung der Operation sind Zugänge zu tarnen und Gebäude zu sprengen.

2. »An Transportführer. 30 Kisten Bernsteintafeln und Kisten der Bernsteinsammlung laut Befehl des RSHA (Reichssicherheitshauptamtes – G.W.) übergeben.

Unterschrift der Wache

Transport empfangen: Gustav Wyst

3. »An Reichssicherheitshauptamt
Befehl ausgeführt. Aktion Bernsteinzimmer beendet. Zugänge befehlsgemäß getarnt. Sprengung erfolgt. Opfer durch Feindtätigkeit. Melde mich zurück.

Gustav Wyst«[30]

Geschulte Psychologen des damaligen Ministeriums für Staatssicherheit wie auch des »Komitet Gosudarstwennoj Besopasnosti« (KGB) haben sich seinerzeit eingehend mit der

Person des Rudolf Wyst befaßt – und seine Aussagen im großen und ganzen für glaubwürdig befunden. Als abwegig erschien allenfalls die Unterzeichnung. Nie hätte ein SS-Offizier mit Vor- und Familiennamen unterschrieben. Das übliche Kürzel war »Wyst, Stubaf.«. Aber auch da ließ man Abstriche gelten, war doch Wyst in der Dienstaltersliste der SS nicht aufgeführt, konnte also gewissermaßen als Privatmann figurieren.

Später sind dann aus diesen Meldungen die »wystesten« Phantasieprodukte entstanden: Der britische Geheimdienst habe die Meldung aufgefangen, ebenso der russische. Und schließlich wollte man sie selbst in den Akten des RSHA gefunden haben – mit monotoner Regelmäßigkeit unterzeichnet von »Georg Ringel«.

Aber da gab es das seltsame Kürzel BSCH. Georg Stein, der private Bernsteinzimmerforscher aus Stelle bei Hamburg, hatte es noch auf »BSCH.W.V.« erweitert, da er das Versteck im Schacht Wittekind bei Volpriehausen vermutete. Nachdem die erste Auflage des »Bernsteinzimmer-Reports« erschienen war, gingen Dutzende von Zuschriften ein, die sich auf BSCH bezogen. Die Palette reichte von Bad Schlema bis Burg Schönfels. Bei der Vorbereitung der zweiten Auflage fragte ich Paul Enke, ob er sicher sei, daß der Code so gelautet habe. Denn die Russen haben die Angewohnheit, auf ihren Schreibmaschinen die römische Zahl III mit dem kyrillischen Buchstaben III zu schreiben. »Der Janßen von der ›Zeit‹ hat den Code schon mal angezweifelt. Aber die Version ist mir neu. Ich werde den Rudi mal fragen.« Mit Rudi war Wyst jun. gemeint, der erst im Herbst 1987 bereit war, sein Inkognito aufzugeben, als Enke plante, das Szenarium für einen Fernsehfilm zu schreiben.

Die Eröffnungen von Rudolf führten Enke zu dem kühnen Schluß, daß Sturmbannführer Wyst am Verbergen des Bernsteinzimmers beteiligt gewesen sein mußte. Dessen zehntägige Abwesenheit von Crimmitschau im Februar und noch einmal im April 1945 ließ sich nur so erklären. In späteren Darstellungen, beispielsweise in den »Erzgebirgischen Heimat-blättern«, schrieb Enke auch von Albert Popp und Gustav Wyst als den Männern, die mit dem Verbergen des Bernstein-zimmers zu tun gehabt haben sollten.

Rudi Wyst hatte mir übrigens im August 1988 launig erzählt, wie sich das Ganze 1957 abgespielt hatte: »Also, nach der ersten Aktion in der ›Freien Welt‹ kamen Harnisch und Frosch zu mir. Es gab eine erste Unterhaltung, ohne daß Notizen gemacht wurden. Dann kam der Konsulatssekretär Jelisejew von Karl-Marx-Stadt zu mir. Der wußte überhaupt nicht, um was es ging. Danach kamen zwei Männer in meinen Betrieb. Der eine war der Konsul selbst. Auch die wußten nicht, um was es sich handelte. Aber sie sollten entscheiden. Danach flog ich nach Königsberg (über Moskau). In Moskau passierte gar nichts. Ich bekam einen Oberleutnant Petrow als Dolmetscher und gammelte herum. Nun ja, Moskau ist eine schöne Stadt, und ich hatte viel Zeit. In Königsberg hatte ich einen ›großen Bahnhof‹ auf dem Flughafen Devau. Der Dolmetscher, ein Hauptmann ›Jura‹ (den Familiennamen habe ich nie erfahren) erwartete anscheinend, daß ich das Bernsteinzimmer gleich aus dem nächsten Gully hervorholen würde. Ich fand mich ganz gut in Königsberg zurecht, konnte allein losziehen. Dabei stellte ich fest, daß ich ständig unter Beobachtung stand. Nach einigen Tagen forderte mich ein Oberst Miljutin auf, alles, was ich wußte, aufzuschreiben. ›Jura‹ nahm es dann am Abend mit, übersetzte es ins Russische und las mir die Übersetzung am nächsten Tag nochmal in Deutsch vor. Hier konnte ich schon den größten Blödsinn verhindern. Trotzdem scheinen noch genug Fehler übriggeblieben zu sein. Es ging noch einmal zurück nach Moskau.

Ich habe im nächsten Jahr (kann auch noch Ende desselben Jahres gewesen sein) sowohl an Petrow als auch an Miljutin geschrieben und noch einige Papiere beigelegt, die wohl nun die berühmten ›Dokumente‹ sind. B III halte ich für ›Bunker III‹. Auf die Brauerei habe ich die Brüder auch hingewiesen.«

Rudi Wyst hatte (und hat) es faustdick hinter den Ohren. Uwe Geißler, als Oberleutnant der Kripo Enkes eifriger »Spürhund«, hat mir später mitgeteilt, daß der fast in Ohnmacht gefallen wäre, als Rudi, nach seinem Geburtsort befragt, mit unschuldsvollem Augenaufschlag geantwortet habe: »Königsberg, zur Zeit unter sowjetischer Verwaltung.«

Neuerdings sind angesichts solcher Eulenspiegeleien von Wyst jun. Zweifel an der ganzen Funkspruch-Story aufgekommen. Wenn sie tatsächlich ein Phantasieprodukt des damals 23jährigen Mannes war, dann darf man ihm jedenfalls eine gehörige Portion Mutterwitz und Intelligenz bescheinigen.

Das Geheimnis von »Olga«

Anfang August 1987 ging im Verlag Die Wirtschaft ein Telegramm ein: »zur weiterleitung an paul enke«. Absender war Gerhard Remdt, Lokalredakteur in Ilmenau für die Bezirkszeitung »Freies Wort«. Remdt schrieb: »nach lesen des bernsteinzimmer-reports halte ich eine konsultation mit mir für dringend erforderlich«. In einem Vermerk Enkes dazu heißt es nur: »9.8. telef. erledigt.«

Paul Enke kannte Remdt und dessen reich dokumentierte Arbeit über das Projekt S III, das letzte Führerhauptquartier in Thüringen. S III war der Deckname für die Baumaßnahmen. Das Zentrum des geplanten Führerhauptquartiers »Olga« lag im Jonastal bei Arnstadt, wo seit Herbst 1944 etwa 15 km Straße von der SS abgeriegelt waren. Sieben Monate lang trieben hier Tausende Häftlinge aus dem KZ Buchenwald 25 Stollen in das Kalkmuschelgebirge. Kein direkt an den Baumaßnahmen beteiligter Häftling überlebte.

Als General Pattons 3. US Army Anfang April 1945 in diesen Raum vorstieß, leistete die 6. SS-Gebirgsjägerdivision in der Landgemeinde Crawinkel, am nördlichen Zugang zum Jonastal, bis zum 11. April erbitterten Widerstand. Bevor die Verteidiger abzogen, sprengten sie die Zugänge innerhalb der Stollen. Die äußeren Zugänge wurden erst nach Kriegsende von den Russen eingesprengt. Dabei stürzte ein etwa 20 m mächtiges und 30 m hohes Hangstück herunter, so daß der einst sanft auslaufende Berghang zu einer schroffen Steilwand wurde, deren mürbes, scheibenförmiges Kalkgestein immer wieder nachbröckelt.

Daß einige Stollen in schon fertige Unterkünfte gemündet haben müssen, war (und ist) die Vision von Gerhard Remdt. Er hat sich über 20 Jahre mit dem Phänomen Jonastal befaßt, Hunderte von Zeugen befragt. Viele sagten aus, daß ganze Waggons mit Porzellan, Möbeln, Parkettfußböden und anderem Inventar in das Jonastal geschafft worden waren. Augenzeugen, die selbst in dem Stollen waren, berichteten von mit Stahltüren verschlossenen Abzweigungen. »In den letzten acht Tagen, bevor die Amerikaner kamen, waren die unterirdischen Konferenzräume, Befehlsstände und großen Hallen fertig. In die Stollen sind mehrmals Lkw gefahren, ob nun mit Baumaterial oder anderen Dingen, das weiß ich nicht«, erinnerte sich beispielsweise Herr Karl Zehnel aus Ichtershausen, der selbst im Jonastal gearbeitet hatte.

Nach Crawinkel war auch der Luxuswaggon aus Compiègne gekommen, in dem 1918 die Kapitulation Deutschlands unterzeichnet worden war. 22 Jahre später war es dann umgekehrt: Marschall Petain ratifizierte in dem Waggon Frankreichs Niederlage. Der Waggon, Hitlers Lieblingsspielzeug, wurde kurz vor Eintreffen der Amerikaner in die Luft gesprengt, weil ein entgleister Güterwagen den Abtransport vereitelte.

»Im Februar 1945«, so erzählte mir der damalige Bahnhofsvorsteher, »war auch Hitlers Leibarzt Stumpfegger hier. Zu dem alleinigen Zweck, für des Führers Wohlbefinden das Trinkwasser zu prüfen«, sagt Remdt. Für die telefonische Auskunft Enkes im August 1987: »Da hätten die Nazis ja blöde sein müssen, das Bernsteinzimmer gerade da unterzubringen, wo die Amerikaner suchen würden«, hat Remdt noch heute kein Verständnis: »Bei solcher Logik hätte sich schließlich das ganze Projekt S III erübrigt.« Paul Enke war überdies der Meinung, daß das Stollensystem im Jonastal nach 1945 hinreichend untersucht worden sei. Remdt stützt sich jedoch auf Zeugenaussagen, die in einer Sendung des ZDF am 14. April 1991 bekräftigt wurden.

Auch was das Bernsteinzimmer betrifft, haben Remdts Überlegungen Hand und Fuß. »Wenn der Funkspruch des Gustav Wyst überhaupt einen Sinn gibt, dann hier. Um den 4. April 1945 sollen die Transporte von Reinhardsbrunn abgegangen sein. Unterstellen wir einmal, daß sich trotz des Gegenbeweises in Reinhardsbrunn zumindest ein Teil der Kisten mit dem Bernsteinzimmer dort oder in der Umgebung befunden hat. Der Satz ›Zugänge gesprengt. Opfer durch Feindeinwirkung‹ trifft haargenau auf das Jonastal zu. Und gerade hier haben die Amerikaner eben nicht gesucht. Die Stollen sind auch danach nicht sorgfältig erkundet worden, weder von den Russen noch von den Deutschen.«

Oberhalb der Gebirgswand befindet sich ein Truppenübungsplatz der Russen. »Die haben nie ernsthaftes Interesse an den Stollen gezeigt. Ich selbst bin mal eingedrungen in einen davon, allerdings nur bis zu der eingesprengten Stelle. Warum haben die SS-Leute denn damals nicht die vorderen Eingänge gesprengt?«

Remdt ist nach wie vor absolut überzeugt, daß das Bergmassiv Geheimnisse birgt.

Als wir Ende Dezember 1990 vor der imposanten Bergwand stehen, sagt Remdt: »Die Stelle hier ist seit vielen Jahren Wallfahrtsort. Immer wieder kommen Leute mit westdeutschen und ausländischen Kennzeichen hierher. ›Um zu beobachten, wie der Berg lebt‹, hat mir mal einer von denen gesagt.«

Das einzige, was dort »lebt«, scheint jedoch das Gestein zu sein, es verwittert. Unschwer lassen sich mit bloßer Hand Souvenirs herausbrechen. Unterhalb der Wand befindet sich eine Gedenktafel für 5000 KZ-Häftlinge, die hier ermordet wurden. Andere Gedenktafeln, offenbar von Persönlichkeiten des »real existierenden Sozialismus« gestiftet, sind abmontiert. Wir steigen hinauf, betreten einen etwa 150 Meter langen Stollen. »In die anderen können wir nicht rein«, sagt Remdt, »da müssen erst die Einsprengungen geräumt werden.«

»Ohne geophysikalische Vermessungen des Stollensystems ist jedes Suchen zwecklos. Die Stollen haben Querverbindungen, die wiederum ineinander übergehen. Die Tarnung mit den Einsprengungen in den Stollen war perfekt«, fügt er hinzu.

War »Olga« für die Unterbringung von Kulturgut vorgesehen gewesen? Enthielten die nachts angekommenen Waggons das Bernsteinzimmer, vielleicht auch jene 411 Gemälde Alter Meister, die zwischen dem 5. und 18. Mai 1945 im Flakleitturm Friedrichshain (Berlin) verbrannt sein sollen, obgleich sie sich nachweislich am 8. April 1945 gar nicht mehr dort befanden? Und sind vielleicht auch jene 14 oder 16 Waggons des bereits erwähnten »Olbrichtzuges« in »Olga« entladen worden?

Gar zu gern stellt man sich vor, daß es gelingt, das Zentrum des Labyrinthes in dem Bergmassiv zu finden. Stahltüren werden aufgebrochen, und man betritt die Räume und Depots des Führerhauptquartiers. Was man finden wird nach 46 Jahren sind bestenfalls verschimmelte Leinwandfetzen von Gemälden und Rahmen. Entfernt man die Patina auf den Schildchen, kann man noch entziffern: »Signorelli. Pan als Gott des Naturlebens ...« oder »Zurbaran. Der Heilige Bonaventura ...« Und das Bernsteinzimmer? Verfaulte Holzplatten und davor Haufen von Bernsteinplättchen. Alles Kunstwerke, deren heutiger

Gesamtwert im Bestzustand weit jenseits der Milliarden-DM-Grenze liegen müßte.

Eine schlimme Vision. Hoffen wir, daß sie nicht Wirklichkeit wird. Tröstlich wäre allenfalls, daß eines von den vielen Kapiteln Kunstfahndung, der sich seit Februar 1991 besonders der Verein »MISSING ART OF EUROPE« widmet, abgeschlossen werden kann. Aber bis zu dem Neuaufschluß der Stollen führt noch ein langer Weg, der Gelder in Millionenhöhe verschlingen wird.

»Wenn wir überhaupt mit einem Erfolg rechnen dürfen, dann müssen wir zunächst zweifelsfrei feststellen, welche der 25 Stollen in das Führerhauptquartier mündeten. Schon das ist eine Riesenaufgabe, die aber, so meine ich, letztlich doch zu bewältigen ist«, meint Gerhard Remdt.

Über Paul Enke spricht Remdt mit Hochachtung. »Bei allen Mängeln, die sein Buch aufweist, ist es doch eine ungeheuer akribische Arbeit. Die ideologische Verbohrtheit lag im Zug der Zeit. Im übrigen hat er sich mir gegenüber als Mann vom Innenministerium ausgewiesen. Erst nach Enkes Tod erfuhr ich, daß er ein MfS (Ministerium für Staatssicherheit – G. W.)-Mann gewesen war.

Der rührige Jonastalforscher hatte Enke auch auf einen Irrtum in dessen »Bernsteinzimmer-Report« hingewiesen. Paul Enke behauptete dort, Schloß Reinhardsbrunn sei als das künftige Führerhauptquartier vorgesehen gewesen, weil es den Code »Wolfsturm« getragen habe. Doch nicht Reinhardsbrunn hatte diesen Decknamen, sondern die Stadt Friedrichroda, und die dort geplanten Unterkünfte für den Stab Hitlers wurden aufgegeben, bevor sie fertiggestellt waren. Sie lagen gar zu sehr im Blickfeld feindlicher Luftangriffe. Das letzte Führerhauptquartier sollte eindeutig »Olga« in der Kalksteinwand des Jonastals bei Arnstadt werden.

Objekt »Weiße Erde«

Im Spätherbst 1985 suchte ich Paul Enke in seinem verwinkelten Häuschen in Berlin-Adlershof auf, um Einzelheiten aus der laufenden Arbeit am Manuskript des »Bernsteinzimmer-Reports« zu besprechen. Vor allem mußte das Manuskript auf ein Drittel zusammengestrichen werden, obwohl Enke meinte, das sei schon die Kurzfassung seiner Arbeit. An der Fensterecke des mit Literatur über den Zweiten Weltkrieg schwer überladenen Mansardenzimmers saß ein dunkelhaariger Typ, den mir Enke mit den Worten vorstellte: »Das ist Hans, mein ehemaliger Chef.«

Als der Besucher sich verabschiedet hatte, meinte Enke: »Hans hat mir eine Sonde gebracht. Ich fahre morgen wieder runter.« Auf meine Frage nach dem Wohin, antwortete er nur, die Gegend müßte ich aus dem Manuskript selbst herausgefunden haben, man sei erst am Anfang der Arbeiten, wolle jede Publicity vermeiden. Es handle sich um ein Bergwerk, und er hege einige Erwartungen von dem vermutlichen Depot. Auf die Frage nach den Chancen räumte er vorsichtig ein: »Ich habe jahrzehntelang gebuddelt, bin sogar im Skaphander getaucht, in fast hundert für todsicher ausgegebenen Bunkern, Stollen und sonstigen Verliesen gewesen. Ein paar Kisten mit Akten, auch mal ein Bild, Skulpturen und sowas, vor allem aber Waffen und Munition, haben wir gefunden. Und wenn ich jetzt sage 10 Prozent, ist das meine höchste Erwartungsquote.«

Von Frühjahr bis Herbst des folgenden Jahres gab der Bernsteinzimmer-Fahnder stets bereitwillig Auskunft über den Fortgang der Arbeiten. »Den ursprünglichen Stolleneingang können wir nicht nehmen. Wenn in dem Schacht was gelagert ist, dann dürfte der Eingang vermint sein.« Oder: »Wir haben ein Loch abgeteuft. Der Bohrer muß durch einen Holzstempel gegangen sein. Und das Holz war relativ frisch, so daß der Stempel nicht vor den 40er Jahren eingebracht worden sein kann. Eine Kaverne also.« Dann wieder: »Wir kommen einfach nicht voran, obgleich wir einen Schweizer Universalbagger gemietet haben, der uns fünftausend Mark die Woche kostet. Irgendwann in jüngerer Zeit muß es da tektonische Veränderungen gegeben haben. Das Lockergestein stürzt ständig nach.« Oder: »Wir wollten eine Kamera in das neu abgeteufte Loch runterlassen, aber die Kamera war zu groß.«

Seit Frühjahr 1987 schwieg sich Enke über das Objekt aus. Ich erfuhr nur noch, daß die Blitzlichtaufnahmen in dem angebohrten Stollen nichts ergeben hätten. Für das Unternehmen »Weiße Erde« seien bisher zweieinhalb Millionen ausgegeben worden. »Aber ich bin nach wie vor überzeugt: Da unten ist was.«

Es war wohl die größte Enttäuschung im Leben des kleinen, stets sorgfältig gekleideten Mannes. Was er mir verschwieg, war ein unverzeihlicher Lapsus. Enke hatte in Meißen die Unterlagen zu dem Kaolinbergwerk »Weiße Erde« zwar studiert, aber offenbar vor lauter Euphorie, das mutmaßliche Depot gefunden zu haben, die Akte nicht bis zu Ende gelesen. Sonst hätte er ihr entnehmen können, daß der Schacht »Weiße Erde« bereits zu Beginn unseres Jahrhunderts preßgeschlagen war. Ein Paar verrottete Gummistiefel und eine Hacke – das war alles, was die Operation »Weiße Erde« außer Kosten zutage förderte. »Weiße Erde« war das letzte, jedoch nicht das einzige Objekt, das sich die »bewaffneten Organe« der DDR Millionen kosten ließen, um das Bernsteinzimmer zu finden.

Von seiner Version, das Bernsteinzimmer sei im Raum Aue verborgen worden, ist Enke auch nach dieser Enttäuschung nicht abgegangen. Er sprach noch von weiteren Bergwerken wie dem »Osterlammstollen«. Dennoch war er jetzt eher geneigt, auch anderen Versionen mehr Möglichkeit einzuräumen, wenngleich die »Erzgebirgischen Heimatblätter« (3/1988) eine ganz kategorische Aussage Enkes publizierten: »Das Bernsteinzimmer ist bei den beiden großen anglo-amerikanischen Luftangriffen im August/September 1944 – mit Ausnahme von 6 Sockelplatten – nicht beschädigt oder vernichtet worden. Es wurde auch nicht in der Ostsee versenkt oder im damaligen Ostpreußen verborgen.

Es ist, noch bevor Königsberg Ende Januar 1945 für drei Wochen von allen Verbindungen vollständig abgeschnitten war, nach Westen abtransportiert worden.« Aber als dieser Beitrag erschien, war Enke schon nicht mehr am Leben. Im Dezember 1987 veröffentlichte er noch einen Beitrag in der Ostberliner »Wochenpost«, der Steins Hypothese aufgriff, das Bernsteinzimmer sei in den USA.

Trugschlüsse und eine gewagte Hypothese .

Am 20. November 1987 startete Paul Enke seine letzte Expedition. Aus Wermsdorf, Kreis Oschatz, war die Nachricht gekommen, daß man bei Arbeiten an der Heizungsanlage im Schloß Hubertusburg auf Mauern gestoßen sei, für die man keine Erklärung habe. Man hatte Enkes Buch gelesen und auch herausgefunden, daß das Nationalsozialistische Fliegerkorps hier Quartier gehabt hatte. NSFK-Standartenführer Albert Popp habe oft Saufgelage in dem Schloß veranstaltet. Der Name Popp wirkte auf Enke wie elektrisierend: »Ich fahre morgen früh. Kannst du mitkommen?« Ich konnte nicht.

Nach drei Tagen kam er zurück und sagte, der Alarm sei von Übereifrigen ausgelöst worden. Es handle sich nur um einen zugemauerten Fahrstuhlschacht. Herr Manfred John, der damals den Hinweis gegeben hatte, suchte mich drei Jahre später noch einmal auf und meinte, Enke sei damals sehr oberflächlich vorgegangen. Doch wer interessierte sich in der Wendezeit schon für zugemauerte Verstecke? Der Fall »Wermsdorf« ist bis heute ungeklärt.

Am 7. Dezember 1987 erlag Paul Enke einem Herzinfarkt. Bei seiner Beerdigung auf dem Friedhof Friedrichsfelde war keine Abordnung uniformierter Polizisten vertreten. Bis dahin hielt ich Enke für einen pensionierten Polizeioffizier, also des Ministeriums des Innern (MdI), für den er sich stets ausgegeben hatte. Auch Stein, Dr. Janßen von der Hamburger »Zeit« sowie Baron von Falz-Fein in Liechtenstein, Freund und Helfer von Georg Stein, hatten Enke stets als MdI-Mann betrachtet. Überrascht war ich indes nicht, hatten sich doch jene Leute, die im Laufe der Jahre bei mir wiederholt um Mitarbeit vorgesprochen hatten, stets als Leute des MdI ausgegeben.

Was sollte das idiotische Versteckspiel hinter dem MdI? Hätte sich Enke als pensionierter Angehöriger des Ministeriums für Staatssicherheit ausgewiesen, wäre er mit seinem Publikationsangebot nicht minder willkommen gewesen. Der ganze Blödsinn gipfelte schließlich darin, daß es offiziell in der DDR keine Stelle gab, die sich mit der Fahndung nach dem zwischen 1938 und 1949 verschollenen Kunstgut befaßte. Daher hätten sich Enkes zwei »Mitstreiter« im Ministerium für Staatssicherheit (MfS), wie er sie nannte, absolut nicht zu verstecken brauchen, da sich ihre Arbeit auf die Suche nach dem Bernsteinzimmer sowie nach anderem deutschen wie ausländischem Kulturgut in bislang unentdeckten Depots erstreckte. Natürlich fiel dabei hin und wieder auch Material über Dinge an, die die Russen zwischen 1945 und 1949 mitgenommen hatten. Wir sprachen gelegentlich darüber. Enke folgerte dann stets, diese Dinge hätten den »Freunden« laut Beschluß des Alliierten Kontrollrats als Ersatz für durch deutsche Besatzerhandlungen vernichtetes oder verschollenes Kulturgut rechtens zugestanden. Ob er es wirklich nicht besser gewußt hat? Was die »Trophäenkommission« damals mitnahm, ist nirgends quittiert. Was einem rechtmäßig zusteht, stiehlt oder erbeutet man nicht. Für seine »Geschichte des Kunstraubs« hatte Enke bisher nur dürftiges Material gesammelt; denn nachdem sein »Report« in zwei Auflagen erschienen war, hoffte er durch einen Fernsehfilm weitere Zeugen finden zu können.

Das Szenarium für den Film lag in groben Zügen bereits fertig vor, als Paul Enke verstarb. So erschienen dann Anfang Januar 1988 Leute vom Deutschen Fernsehfunk bei mir und fragten, ob ich nicht Enkes Part in dem Film übernehmen könnte.

Ende Januar fuhren wir nach Reinhardsbrunn. Der Zeitpunkt für die Außenaufnahmen war denkbar ungünstig: feuchtkalt, dicke Schneeflocken bei den ersten Aufnahmen im Bogengang unter dem Ahnensaal. Hier sollten die Kisten mit dem Bernsteinzimmer gestanden haben. Der Durchgang war danach von beiden Seiten mit Bretterverschlägen verschlossen worden. Jetzt stand er offen, und es gab wohl keine Stelle auf dem ganzen Schloßgelände, wo es derart zog. Den klappernden Zähnen entrang sich: »Hier stand das Sternbeinzimmer ...«. Erst nach einem heißen Grog in der Schloßgaststätte konnte die Arbeit weitergehen.

Am nächsten Morgen war das Schneetreiben abgeklungen. Wir bezogen vor dem Schloßteich Position, probten zunächst das »Butterbrotspiel«. Dann hatte ich zu sagen: »Hier standen damals, Ende der 40er Jahre, Schüler eines Feuerwehrlehrganges und warfen Bernsteinplättchen in das Wasser. Derjenige, dessen Plättchen vor dem Versinken am häufigsten auf dem Wasser aufsetzten, war Sieger. Die jungen Leute hatten die Bernsteinscheiben auf dem (Kameraschwenk) Dachboden dieses Schloßgebäudes gefunden. Erst kürzlich erreichte uns die Zuschrift eines der damaligen Lehrgangsteilnehmer, die dies bestätigt.«

Das war ebenso eine Halbwahrheit wie eine Teillüge, aber das Szenarium verlangte es so. Und das allein diktierte, wie beim Militär: Erst den Befehl ausführen und sich dann beschweren, daß der Erschossene unschuldig war. Ich hatte am Vorabend den Brief des ehemaligen Feuerwehrschülers Herbert Müller gelesen, und der sagte anderes aus, als Paul Enkes Hypothese zu bestätigen.

Wir fuhren dann weiter zu Aufnahmen vor dem Betriebskomplex von Kali Merkers. Hier im Schacht Kaiseroda II/III hatten im Frühjahr 1945 die Naziführung ihre Gold- und Devisenschätze sowie Berliner Museen Kunstschätze eingelagert. Aber im Schacht befanden sich auch 20 dubiose Kisten mit der Aufschrift »Wasserstraßendirektion Königsberg«. Sie waren Mitte April 1945 eiligst von den Amerikanern abtransportiert worden.

Wir wollten diesen Fall in dem Film nicht unerwähnt lassen, denn die Berichte der 3. US-Army erwähnten den Abtransport nicht. Maurice Philip Remy und Ralf Quibeldey hatten 1987 in einem »Stern«-Beitrag die Vermutung geäußert, die Kisten könnten das Bernsteinzimmer enthalten haben. Auch Georg Stein und nach ihm Paul Enke hatten diese Version aufgegriffen. Erst ein Jahr nach der Filmexpedition gelang mir der Nachweis, daß die Kisten Material über das ostpreußische und baltische Wasserstraßennetz enthalten hatten. Strategisches Material also, und das stand in der Prioritätenliste der US-Army ganz oben.

Als wir abends in unser Quartier im Gothaer Hotel »Slovan« zurückgekehrt waren, sagte ich zu unserem Aufnahmeleiter, Erich Thiede: »Ich habe mir den Brief des damaligen Feuerwehrschülers nochmal angesehen – die Szene am Schloßteich können wir löschen. Herbert Müller schreibt hier: ›Nur mußte es minderwertiger Bernstein sein, denn er war verunreinigt, sah es doch aus, als ob Fliegen oder Mücken darin eingeschlossen waren (so dachte ich damals)‹.«

Das war der Anfang vom Ende der so sorgfältig recherchierten Hypothese, von der »mit an Sicherheit grenzenden Wahrscheinlichkeit« (Enke), daß sich das Bernsteinzimmer in Reinhardsbrunn befunden hatte. Es handelte sich um Inklusen, also um Bernstein mit tierischen und pflanzlichen Einschlüssen. Die waren bestimmt nicht für die Bernsteinzimmer-Paneele verarbeitet worden, obgleich sie für den Naturhistoriker von hohem Wert und bei Bernsteinschmuck-Liebhabern sehr begehrt sind. Der größte Teil von dem, was die zerbrochene Kiste enthielt, war später in das Naturkundemuseum im Gothaer Schloß Friedenstein gekommen: 236 mit Öl gefüllte Flaschen, in denen sich etwa 1 000 Inklusen befanden.

Professor Dr. Rolf Keilbach in Greifswald konnte Auskunft geben: Es handelte sich um Stücke aus der einst weltberühmten Danziger Inklusensammlung. Aber wie war die nach Reinhardsbrunn gekommen und vor allem: Wohin wurde sie Anfang April 1945 abtransportiert?

Sie ist bis heute verschollen, ebenso wie die zwei Drittel der Kunstsammlung von Erich Koch. So gesehen, wäre es durchaus gerechtfertigt, weiter zu suchen. Aber wie können wir wissen, ob Angehörige der sowjetischen Trophäenkommission sie nicht irgendwo entdeckt und mitgenommen haben? Die Sowjets machten sich damals bei ihren Trophäen wenig Mühe mit Nachforschungen, woher etwas stammte, und hinterließen keine Quittungen. Auf diese Weise kam auch die von Rosenbergs Einsatzstab (ERR) in Paris erbeutete Turgenjew-Bibliothek nach Moskau. Und als die Sowjets unter dem Vorwand, Deutschland radikal zu entmilitarisieren, Rüstungssammlungen aller Museen beschlagnahmten, gingen auch Bestände des Pariser Musée de l'Armée, vom ERR in Frankreich geraubt und dem Bestand des Berliner Zeughauses einverleibt, in das Istoritscheski Musej von Moskau. Das sind nur zwei Beispiele.

Die wohl auch damit in Zusammenhang stehende Geheimhaltungspolitik der Sowjetbehörden, die verschlossenen Archive, die bis zuletzt für Ausländer verbotene Stadt Kaliningrad haben die Arbeit der sowjetischen wie auch der polnischen und deutschen Bernsteinzimmer-Fahnder nicht gerade erleichtert. Ein echtes Zusammenwirken war undenkbar.

Der Rühle-Transport

Der Nachweis, daß die Splitter in Reinhardsbrunn nicht vom Bernsteinzimmer stammten, traf den Kern von Enkes Hypothese. Was blieb davon übrig, wenn man bei der Mutmaßung verharrte, die kostbaren Wandpaneele seien noch rechtzeitig aus Königsberg herausgekommen? Völlig auszuschließen war Reinhardsbrunn trotzdem nicht. Doch der Beweis fehlte.

Waren die Kisten bereits im Herbst 1944 aus der Ordensburg Lochstädt nach Westen abtransportiert worden? Befanden sie sich an Bord der »Pretoria«? Und inwieweit durfte man den Behauptungen von Georg Stein Glauben schenken? Er hatte, weil er einfach nicht vorankam, in seine Pressepublikationen schon so manches Bonbon verpackt, das sich bei näherer Prüfung als Windei erwies.

Da war die Rede von dem sogenannten Rühle-Transport. Der polnische Kraftfahrer Alfons Kairis erinnerte sich, um die Jahreswende 1944/45 unter der Leitung des Direktors des Posener Kaiser-Friedrich-Museums, Dr. Siegfried Rühle, und eines Wehrmachtmajors einen Lastzug nach Meseritz gefahren zu haben. Dort sei noch ein Trupp Soldaten zu der Fahrzeugkolonne gestoßen. In dem kleinen Ort Paradies, etwa 10 km südlich von Meseritz (und ca. 60 km östlich von Frankfurt/Oder) wurde die Fracht auf Eisenbahnwaggons umgeladen. Kairis erinnerte sich, von einer bedeutenden Bernsteinarbeit und einer gut belüfteten Salzmine gehört zu haben. Bei der Verladungsarbeit habe er bis zu zwei Meter lange Kisten mit der Aufschrift »Königsberg« gesehen. Und Kairis sagte auch, er habe während des Aufenthalts in Paradies den Befehl erhalten, aus dem Festungsdepot der Warthestellung unter anderem den Domschatz von Gnesen herbeizuholen.

Zurückgekehrt nach Posen erfuhr Kairis, daß Dr. Rühle beabsichtigte, nach Mannheim zu fahren, und daß auch ein Aufenthalt in Eisenberg, etwa 35 km nordwestlich Mannheims, geplant war. Der Bericht des Alfons Kairis enthielt zu viele nachprüfbare Tatsachen, als daß man ihn hätte kommentarlos zu den Akten legen können. Das hat auch Enke nicht getan. Doch zu der festen Überzeugung des Kairis, bei der Fracht der beiden in Paradies beladenen Waggons habe es sich um das Bernsteinzimmer gehandelt, verhielt er sich indifferent.

Anders sein temperamentvoller Kollege Georg Stein. Der schien kaum noch Zweifel zu hegen, der Rühle-Transport sei die so lange gesuchte Spur. Am 10. November 1985 schrieb er an den sowjetischen Publizisten und Mitstreiter bei der Bernsteinzimmersuche Julian Semjonow: »Auf der Basis meiner Verhandlungen im Zentralarchiv der DDR in Potsdam verfolgen wir nur noch jene Spuren, die in die BRD führen, und das ist jetzt nur noch der Rühletransport ... Der R.-Transport wurde offensichtlich im Raum von Eisenberg–Falkenstein– Mannheim entweder nach Königstein–Falkenstein im südlichen Taunus oder nach Rastatt in Baden weitergeleitet. Die Schlösser und Herrensitze im südlichen Taunus gehören den Markgrafen von Hessen-Darmstadt. Die Burgen und Schlösser bei Rastatt in Baden befinden sich im Besitz des Markgrafen von Baden ...

Die Offiziere des OKH, welche den Rühletransport, 7 Waggons, von Paradies bei Frankfurt/Oder ins Rheintal gebracht haben, waren alle vor 1914 als Verbindungsoffiziere in Petersburg akkreditiert ... Wenn die ›Erben des Hauses Romanow‹ unser Objekt vereinnahmt haben sollten, dann mein lieber Julian, hätten wir wohl ein großes Rätsel aufgeklärt, aber dann sehe ich sehr schwarz für die Rückgabe nach ›Petersburg‹/ Puschkin ...«[31] Der im Herbst 1987 vom TV-Sender »Bayern III« ausgestrahlte Fernsehfilm Steins konzentrierte sich auch wesentlich auf die »Rühlespur«. Mehr noch, bis wenige Tage vor seinem Tod am 20. August 1987 schien Stein fest überzeugt zu sein, nur auf diesem Weg sei das Bernsteinzimmer verschwunden. Aber Stein ging noch weiter.

Von Dr. Klaus Goldmann, Oberkustos am Museum für Vor- und Frühgeschichte in Berlin, hatte er erfahren, daß der Domschatz von Gnesen, eben jener Schatz, den Alfons Kairis während der Verladearbeiten in Paradies noch hatte herbeischaffen müssen, nach Kriegsende in einer Salzmine von Grasleben bei Helmstedt gefunden wurde. Hieraus konstruierte Stein dann, auch das Bernsteinzimmer sei nach Grasleben gekommen. Da das Depot in der Salzmine (hauptsächlich Einlagerungen von Berliner Museen) von CIC-Angehörigen (Counter Intelligence Corps / US-Geheimdienst des Heeres – G. W.) geplündert worden war, folgerte er, das Bernsteinzimmer sei in Amerika. Darauf ist dann leider auch Paul Enke eingestiegen, ohne die Hintergründe von Steins Behauptung zu kennen. In seinem letzten Aufsatz, der in der »Wochenpost« Nr. 52/87 erschien, stützt sich Enke auf diese Aussage Steins.

Aber wann soll das Bernsteinzimmer von Königsberg nach Posen gekommen sein?

Georg Stein und die Version Wittekind

Auf der 112. Sitzung des Deutschen Bundestages, am 6. Dezember 1978, stellt der Berliner SPD-Abgeordnete Professor Dr. Nils Diederich die Anfrage: »Hält die Bundesregierung die im ›Zeit-Magazin‹ Nr. 49 (Dezember 1978) geäußerte Vermutung für wahrscheinlich, daß das weltberühmte ›Bernstein-Kabinett‹, das von Deutschen 1941 aus dem Schloß Zarskoje Selo bei Leningrad abtransportiert wurde und seit Kriegsende als verschollen gilt, sich zusammen mit anderen Kunstschätzen in der verschütteten Schachtanlage Wittekind bei Volpriehausen befindet, und was wird gegebenenfalls getan, um diese unermeßlichen Kunstschätze sicherzustellen und den rechtmäßigen Eigentümern zurückzugeben?«

Der parlamentarische Staatssekretär von Schoeler (Bundes-
ministerium des Innern) antwortet darauf: »Seit längerem bemüht sich die Bundesregierung, den Verbleib des seit 1945
verschollenen Bernsteinzimmers zu klären. Kontakte unter
anderem mit den zuständigen Stellen des Landes Niedersach-
sen, aber auch mit Herrn Georg Stein, der in privater Initiative
umfangreiche und verdienstvolle Nachforschungen angestellt
hat, haben keine hinreichenden Anhaltspunkte dafür ergeben,
daß sich das Bernsteinzimmer in der verschütteten Schachtanlage Wittekind bei Volpriehausen befinden könnte. Auf Ber-
gungsversuche wurde daher – nicht zuletzt wegen der hohen
Kosten – bisher verzichtet. Die Bundesregierung wird ihre Bemühungen um die Auffindung des Bernsteinzimmers fortsetzen.«

Was hatte es mit dem Kalischacht Wittekind auf sich?

Der Schacht war seit 1938 Heeresmunitionsanstalt (Muna).
Auf seiner 540-m-Sohle lagerten am Ende des Krieges noch
etwa 30 000 t Munition bzw. Säcke mit Dynamit. Die Sohlen
darunter, in 595, 660 und 720 m Tiefe mit insgesamt 15 000 m^2
Stellfläche waren für andere Einlagerungen vorgesehen. Aber
für welche? Die Einlagerungsdokumente waren bei einem
Brand in der Göttinger Universitätsbibliothek 1945 vernichtet
worden. Nachweisen ließ sich später nur noch, daß im Herbst
1944 der Inhalt von 24 Eisenbahnwaggons in den Schacht eingelagert worden waren. Darunter waren 360 000 Bände von
Universitätsbibliotheken sowie Sachen der Universität Königsberg, »darunter die wertvolle Bernsteinsammlung, deren Wert
unschätzbar ist, da sie nie wieder zu beschaffen ist«. Außer den
erwähnten Sohlen bot auch die 917-m-Sohle des nahegelegenen Schachtes Hildasglück weitere 20 000 m^2 Stellfläche. Auch
dort lagerte Munition. Beide Schächte waren untertage miteinander verbunden.

Aus Königsberg waren Anfang Oktober unter anderem in
einem Waggon mit der Nummer 10 zwölf Kisten gekommen,

über deren Schicksal es geteilte Meinungen gab. Während einige Zeugen behaupteten, der betreffende Waggon sei gar nicht ausgeladen worden, erinnerte sich der Bürgermeister von Volpriehausen später, zwölf Kisten, 1,50 m lang, 80 cm hoch, verplombt und sehr schwer, seien in den Schacht eingebracht worden. Und er war überzeugt, daß es sich um Teile des Bernsteinzimmers gehandelt habe.

Aber immer wieder ist von Kisten die Rede, die Augenzeugen schon seit August 1944 in Königsberg gesehen haben wollten. Was sie wirklich enthielten, konnte später niemand definitiv beweisen.

Der Bergingenieur Walter Wirtz, der seit dem 23. Juli 1945 unter britischer Besatzung in Volpriehausen tätig war, hat später einen ausführlichen Bericht über die dortigen Ereignisse verfaßt. Er schreibt, daß bald nach Kriegsende ehemalige polnische Zwangsarbeiter scharenweise in den Schacht eingefahren waren. Sie suchten dort vor allem nach Lebensmitteln und Spirituosen und plünderten die von Beamten und Arbeitern der Burbach-Kaliwerke AG eingelagerten Privatsachen.

Darüber hinaus erbrachen die sogenannten Fremdarbeiter auch Verpackungen jeglicher Art, insbesondere die Viskosesäcke mit Pulver, das sie achtlos auf der 540-m-Sohle ausschütteten.

Am 11. September 1945 übernahm ein Sonderkommando der britischen 76. Depot Control Company die Schachtanlagen Wittekind und Hildasglück. Unter ihrer Leitung sollten die Bergwerke vor allem von den Sprengstoffen und -körpern geräumt und für die Wiederaufnahme der Förderung vorbereitet werden. Zugleich wurden Vorkehrungen getroffen, um die Plünderungen zu unterbinden. Ganz unterblieben sind sie jedoch auch danach nicht. Ingenieur Wirtz und der am 13. September als Betriebsführer eingesetzte Ingenieur Wilhelm Beinroth taten alles, um zunächst die Ordnung auf den verschiedenen Sohlen wiederherzustellen. Diese Arbeiten waren gerade abgeschlossen, und man traf erste Vorkehrungen für die Räumung der Schachtanlage von den Einlagerungen – als etwas Unvorhergesehenes geschah.

In der Nacht vom 28. zum 29. September kam es zu mehreren heftigen Explosionen. Über der Schachtöffnung stand eine etwa 100 m hohe Stichflamme. Noch war es nicht gelungen, den Brand auch nur teilweise zu löschen, als am 30. September, gegen 6 Uhr, zwei gewaltige unterirdische Explosionen ein regelrechtes Erdbeben auslösten. Über Wittekind stand eine mehrere hundert Meter hohe und etwa 50 bis 70 Meter breite Feuersäule. Teile der Förderanlage wurden bis zu 400 m weit geschleudert. Dann meldeten Anwohner auch aus Hildasglück Explosionen. Erst gegen 15 Uhr erloschen die Brände.

Ingenieur Beinroth erinnerte sich acht Jahre später, daß Mitte März 1946 der Schacht Wittekind mit einem behelfsmäßigen Fördergerüst wieder befahrbar war. Er nahm selbst an den Erkundungen teil. Auf der 660-m-Sohle waren »die Bibliothek der Universität Göttingen sowie Archive verschiedener Städte eingelagert. Diese Materialien waren durch enorme Hitzeentwicklung während der Explosion zum Teil angekohlt, ansonsten aber gut erhalten. Bei der Messung im Blindschacht, der von der 540-m-Sohle nach der 917-m-Sohle führt, wurde festgestellt, daß das Wasser bereits 60 m unterhalb der 660-m-Sohle stand.«

Ein Bericht des Bergamtes Goslar-Nord vom 13. Oktober 1945 präzisiert: »Auf der gleichen Sohle sind ca. 24 Waggonladungen der kostbaren Bibliothek der Universität Göttingen, Lehrmaterial, wertvolle Stücke der physikalischen und medizinischen Fakultät sowie Archive und Dokumente neben der gleichfalls kostbaren, einzigartigen Bernsteinsammlung der Universität Königsberg eingelagert.«

Beinroth hatte bei der Befahrung der 660-m-Sohle, die Ende März/Anfang April 1946 nur noch 60 m über dem eindringenden Grundwasser stand, auch angegeben, daß der Wasserspiegel täglich um etwa 20 cm stieg. So blieben noch höchstens 300 Tage, um zu bergen.

Doch wir wissen nicht, wann damit begonnen wurde, und die provisorische Förderanlage mag auch nicht ausgereicht haben, um größere Kisten zu befördern. Aber der Bürgermeister von Volpriehausen hatte die Abmessungen mit lediglich 1,50 x 80 cm angegeben. Nicht eindeutig belegt werden konnte überdies, ob es sich um 10 oder 12 Kisten gehandelt hatte.

Jedenfalls hat es Bergungen gegeben. Sie betrafen überwiegend Bibliotheksgüter.

Erst im Jahre 1977 entdeckte man im Geologischen Institut der Göttinger Universität die aus dem Schacht gerettete »Schwarzorter Bernsteinsammlung« – vorgeschichtliche Bernsteinschnitzereien aus dem 3. Jahrtausend vor Christus. Es handelte sich um 1.100 Stücke. Befanden sie sich in den 10 oder 12 Kisten, die Bürgermeister Warnke als »sehr schwer« bezeichnet hatte? Ein solches Attribut ist durchaus relativ. Bernstein ist nur wenig schwerer als Wasser, doch 1,50 x 80 cm große Kisten konnten auch damit »sehr schwer« erscheinen. Die originalen Einlagerungsnachweise waren verschwunden oder durch den Brand in der Göttinger Universitätsbibliothek 1945 vernichtet worden. Bei der »wertvollen Bernsteinsammlung, deren Wert unschätzbar ist, da sie nie wieder zu beschaffen ist«, handelte es sich mit ziemlicher Sicherheit um die Schwarzorter Sammlung.

Der Schacht Wittekind ist später mit einigen hundert Tonnen Beton verplombt worden.

Der Ortschronist von Uslar/Volpriehausen, Detlev Herbst, schrieb am 8. März 1983 an Georg Stein: »Die Stelle, an der auf dem in der UB Göttingen vorgefundenen Plan der Waggon 10 aus Königsberg eingezeichnet war (auf dem Grubenplan der 660-m-Sohle – G. W.), habe ich mit Bleistift gekennzeichnet. Die dort nach der Explosion vorgefundenen Gegenstände waren zwischen 80 und 100 Prozent zerstört ... Können Sie mir bitte noch einmal sagen, von wem und bei wem die Photos (Color) von der Kristallschale, dem Meißen-Teller und der Bernsteinplatte mit der Gedenktafel gemacht wurden (in Volpriehausen?) ...«

Die Fotos sollen im Schacht Wittekind gemacht worden sein. Sie befinden sich offenbar in den 90 kg Archivmaterial des Georg Stein, die Baron von Falz-Fein Ende 1987 dem sowjetischen Kulturfonds zustellte. Über den Verbleib des Bernsteinzimmers sagen sie nichts aus.

In einer Aktennotiz vom 26. Februar 1982 schreibt Georg Stein: »noch einen Vermerk für ›Wittekind‹:

Das Bernsteinzimmer umfaßte ein Verpackungsvolumen von mindestens 70 bis 80 großen Kisten, die alle mindestens 2,5 m lang und 1,8 m breit waren.

Im Bergwerk könnten – wenn überhaupt Teile des Objektes dort sind – nur Kleinteile eingelagert sein, etwa 7 Prozent des Gesamtvolumens. Die großen Teile können kaum im Bergwerk sein; denn jene 10 Kisten haben Maße, in die das Objekt nicht hineinpaßt. Die 10 Kisten messen, wie sowjetische Fachleute feststellten, ca. 1,54 mal 87 cm breit und 75 cm hoch. Da paßt außer einigen Kleinteilen, kein einziges Panneau hinein, und auseinandernehmbar waren die Panneaus leider nicht.

Sollten tatsächlich kleinere Teile des Objektes in Wittekind stehen, so wäre eine Bergung bezüglich der hohen Kosten völlig irreal. Zuletzt wäre das Gewicht der Kisten mit ca. je 9 Ztr. viel zu hoch; denn die Panneaus wogen je Stück nur 2 bis 3 Ztr. Bernstein ist leicht, er schwimmt im Wasser. Diese Frage wurde in M. (wohl Moskau – G. W.) sehr genau ausdiskutiert.«

Von dieser relativ späten Erkenntnis hat Stein seinen Freunden allerdings nichts mitgeteilt. So läßt er Detlev Herbst noch am 26. September 1983 eine Anfrage an den Bundeskanzler, Dr. Helmut Kohl, starten.Persönlich wendet er sich am 10. November 1983 an Franz Josef Strauß, und am 9. Februar 1984 fragt Professor Dr. Nils Diederich im Bundestag erneut an:

»Gibt es neue Anhaltspunkte dafür, daß sich das Bernstein-zimmer in den verschütteten Schachtanlagen bei Volpriehausen befinden könnte, und ist die Bundesregierung nunmehr bereit, den Hinweisen, daß zumindest Teile des Bernstein-zimmers dort liegen oder liegen könnten, in einer Weise nach-zugehen, die eine zweifelsfreie und abschließende Antwort auf diese Frage möglich macht?«

Staatssekretär Dr. Fröhlich antwortet: »Die Bundesregie-rung hat sich weiterhin bemüht, den Verbleib des Bernstein-zimmers aufzuklären. Bis heute haben sich jedoch keine neuen Erkenntnisse ergeben; insbesondere gibt es keine Be-stätigung dafür, daß sich das Bernsteinzimmer in der Schacht-anlage Wittekind bei Volpriehausen im Landkreis Northeim befindet ... Endgültig ließe sich die Frage nach dem gegenwär-tigen Stand der Ermittlungen nur durch eine genaue Untersu-chung und Befahrung der Schachtanlage herbeiführen. Die dafür notwendige Trockenlegung der völlig überfluteten Anla-ge würde nach dem Urteil von Sachverständigen 10 bis 20 Millionen DM kosten und deshalb in keinem Verhältnis zu der vagen Hoffnung stehen, in der Schachtanlage noch etwas zu finden.«

Im Juni 1987 berichtete mir Paul Enke, Georg Stein habe ihn aus der Schweiz angerufen und von einem Mordanschlag gesprochen, dem er noch einmal entkommen sei. Für den fol-genden Tag hätte er eine Pressekonferenz anberaumt, zu der dann seltsamerweise niemand erschienen sei. Er wollte nun nach Berlin kommen und bat Enke, ihm das Visum zu besor-gen. Enke sagte zu, bat Stein jedoch, ihm sofort einen formlo-sen Antrag zuzusenden. Er selbst würde sich um eine Unter-kunft für Stein bemühen, da in seinem Haus wegen Platzman-gels die Übernachtung nicht möglich sei. Stein antwortete, er würde noch einmal zurückrufen. Der erneute Anruf blieb ebenso aus wie der Antrag.

Am 7. Juli teilt Stein seinem Freund Baron Eduard von Falz-

Fein in Liechtenstein aus dem Kreiskrankenhaus von Starnberg am See mit: »Nun bin ich seit 1 Woche hier. Berlin fiel flach. Dr. E. bekam kein Visum für mich.«

Fünf Wochen später erhält der Baron Steins letzten Brief, in dem es heißt: »Die nächsten Wochen werden für mich noch sehr schwer werden, da meine nächste Rentenzahlung von 430 DM erst um den 6. September kommt, und ich nun mit 120 DM bis dahin auskommen muß ... von trockenen Semmeln kann man auch leben ...! Was später wird, ich weiß es heute noch nicht. Aber die B.Z.-Forschung geht weiter!!! und das allein ist wichtig!!

In der Bernstein-Zimmer-Sache gibt es zwei neue Hinweise, die geprüft werden.

Hinweis 1: Die Ruine ›Osterburg‹ bei 8743 Bischofsheim a. d. Rhön im Landkreis Rhön Grabfeld. Das Landratsamt in D 8740 Neustadt an der Saale überprüft zur Zeit die Situation.

Hinweis 2: Die Ruine ›Falkenstein‹ im unteren Mölltal oberhalb von Spittal an der Drau in den südlichen Hohen Tauern im österreichischen Bundesland Kärnten, angeschrieben habe ich den Bürgermeister von Ober-Vellach, die Bezirksregierung in A 9806 Spittal an der Drau und den Herrn Landes-Hauptmann von Kärnten in A 9020 Klagenfurt/Landeshaus.

Wenn Sie in Österreich noch Bekannte haben, die da mithelfen könnten, verständigen Sie diese bitte. Der Hinweis auf Ruine Falkenstein ist wichtig, ich lege diesem Brief den Plan aus dem R.S.H.A. Berlin bei. Soviel für heute, schreiben Sie mal und schicken Sie mir mal was zum Rauchen!! ...«

Wer hatte diesen »Plan aus dem R.S.H.A.« angefertigt? Hatte sich jemand einen üblen Scherz geleistet, oder war er der überreizten Phantasie des psychisch kranken Stein entsprungen? In einem Raum der Ruine stand die »Inschrift auf Plan: Zar P. I. B. Z.«. Dann folgte die angebliche Quelle: »Akte + Plan: SS O. Grufuhr. Ebrecht. Abtlung IV/A3 R.S.H.A. d. SS in Berlin, Prinz-Albrecht-Str. 4-12.«

Das Reichssicherheitshauptamt (RSHA) residierte in der Prinz-Albrecht-Straße 8. Im Haus Nummer 7 befand sich beispielsweise das Völkerkundemuseum.

Am 20. August 1987 fanden Spaziergänger in einem Waldstück bei Titting in Bayern die schrecklich zugerichtete Leiche des Georg Stein. Neben dem nackten Leichnam lagen Messer und ein Skalpell.

Die Presse schrieb von Selbstmord.

Enke hegte Zweifel. »Wie soll denn der Stein nackt in den Wald gekommen sein? Und außerdem war da doch schon im Juni ein Mordanschlag.«

Was Enke nicht wissen konnte, war, daß es innerhalb eines Vierteljahres bereits der zweite Suizidversuch des Georg Stein gewesen war. Der Mordanschlag vom April 1987 blieb ebenso eine Erfindung Steins wie die angebliche Pressekonferenz.

Der am 23. März 1923 in Strelen-Waldgarten bei Königsberg geborene Georg Wilhelm Stein war 1947 aus russischer Kriegsgefangenschaft heimgekehrt. Im April 1950 heiratet er und errichtet einen Obstbaubetrieb in Stelle bei Hamburg. Seit 1966 befaßt sich Stein in Zusammenarbeit mit Marion Gräfin Dönhoff, Mitinhaberin der Wochenzeitung »Die Zeit«, mit der Suche nach dem Bernsteinzimmer. Im Jahre 1970 stößt er dabei auf die Spur des von der SS 1941 »sichergestellten« und 1944 vom Einsatzstab Reichsleiter Rosenberg in das Reich »rückgeführten« Klosterschatzes aus Petschur (Estland). Der im Ikonen-Museum von Recklinghausen verborgene Schatz wird dank Steins hartnäckigen Bemühungen im Frühjahr 1973 an das Kloster zurückgegeben. Stein erhält als erster Westeuropäer die höchste Auszeichnung der Russisch-Orthodoxen Kirche, den Wladimir-Orden, und wird in Rußland eine hochangesehene Persönlichkeit. Der sowjetische Publizist Julian Semjonow widmet ihm gar ein Theaterstück. Damit endet die Erfolgssträhne des Obstbauers aus Stelle. Sein Betrieb gerät in Schwierigkeiten. Stein hält an seinem Ziel fest, betätigt sich mit mehr oder weniger Erfolg als Publizist. Seine 1987 im Orion-Heimreiter Verlag Kiel erschienene Arbeit »Leben ist sterben, werden, verderben« stellt eine Rechtfertigung des wegen seiner konservativ-nationalistischen Haltung umstrittenen Dichters Hermann Löns dar.

Im November 1984 veröffentlicht er zusammen mit Karl-Heinz Janßen in der »Zeit« den Beitrag »Großfahndung nach dem Bernsteinzimmer«. Dann beginnt er mit der Arbeit an einem Buch mit dem Titel »Die Suche nach dem Bernsteinzimmer«, dessen Veröffentlichung für Ende 1987 vorgesehen war. 1986 begann die Arbeit an einem TV-Film über die Sucharbeiten, der erst nach Steins Tod vom Sender Bayern III ausgestrahlt wurde. Am Ende der »Karriere« des Bernsteinzimmer-Fahnders standen der völlige wirtschaftliche Ruin seines Obstbaubetriebes und eine Steuerschuld von 200 000 DM.

»Er stand im Zugzwang mit dem Bernsteinzimmer, und er wußte nicht mehr weiter«, sagte mir Tete Böttger, Inhaber des Göttinger Arkana-Verlages, im Frühjahr 1988. »Er konnte nicht mehr, er war fertig.«

Das wiederaufgebaute Katharinenpalais

*Schatulle von
Gottfried Thurau*

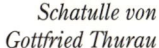

I

*Kurfürst Friedrich III.,
der spätere König Friedrich I.*

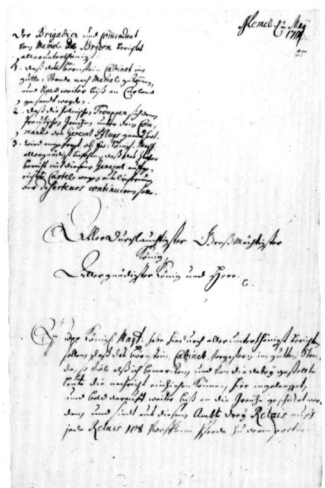

*Immediatbericht
des Charles de Brion*

Zar Peter I.

Historische Aufnahme mit einem der vier Steinmosaike

S. IV/V: Teilansicht des Bernsteinzimmers (Modell)

IV

V

Der Brief der Friederike Roltsch

S. VII: Historische Aufnahme mit einem der vier Steinmosaike

VII

Das einzige überlieferte Farbfoto des Bernsteinzimmers

Erhalten gebliebene Splitter des Bernsteingetäfels

Schachbrett aus Bernstein

VIII

Das zerstörte Alexanderpalais

1.10.	Krasnogwardeisk. Zur Sicherstellung der Kunstgegenstän-
	de in Krasnogwardeisk sind beim A.O.K.18
	Rittmeister Dr.Graf Solms und Hptm. Dr.Pönsgen eingesetzt
2.10./3.10.	Krasnogwardeisk. Keine besonderen Vorkommnisse.
4.10.	Krasnogwardeisk. Der Herr Kdr. General fährt nach
	Uritzk und orientiert sich an Ort und Stelle über die
	Lage bei 58.J.D. Besuch bei J.R. 154, 209 und 220.
5.10.	Krasnogwardeisk. Verleihung des Kr.V.Kr. 1.Klasse m.Schw.
	an Oberstvet.Dr. Leben (Verleihungsdatum 2.10.41).
6.10.	Krasnogwardeisk. Keine besonderen Vorkommnisse.
7.10.	Krasnogwardeisk. Besuch des Herrn Kdr. General L.A.K.,
	General der Inf. von Both.
8.10.	Krasnogwardeisk. Besuch des Herrn Kdr.General beim O.B.,
	Herrn Generaloberst von Küchler.
9.10.	Krasnogwardeisk. Besuch des O.B., Herrn Generaloberst
	von Küchler im K.St.Qu. Der Herr Kdr. General fährt zu
	Inf.Rgt. 154 und 209 nach Uritzk.
10.10.	Krasnogwardeisk. Keine besonderen Vorkommnisse.
11.10.	Krasnogwardeisk. Besuch des Chefs der Ordnungspolizei,
	Herrn General Daluege, beim Stabe Generalkommando L.A.K.
12.10.	Krasnogwardeisk. Keine besonderen Vorkommnisse.
13.10.	Krasnogwardeisk. Verleihung des Ritterkreuzes des E.K.
	an Oberst Budinski, Kdr. J.R.489 (269.J.D.).
14.10.	Krasnogwardeisk. Abtransport der durch die Kunstsachver-
	ständigen, Rittmeister Dr. Graf Solms und Hptm. Dr.
	Pönsgen, in Gatschina und Puskin sichergestellten Kunst-
	gegenstände, u.a. der Wandbekleidungen des Bernstein-
	saales aus Schloß Puskin (Zarskoje-Selo) nach Königsberg.
	Generalmajor von Leyser, Kdr. 269.J.D., Generalmajor
	Kröger, Kdr. SS-Pol.Div., Generalmajor Dr. Altrichter,

Seite aus dem Tagebuch des 50. Armeekorps

Ansichten des Königsberger Schlosses; oben: Das Albrechtstor
unten: Der Schloßhof mit der Gaststätte »Blutgericht«
rechts: Die eindrucksvolle Kulisse des Schlosses mit Schloßturm

X

XI

Das Königsberger Schloß im April 1945

*Kunstschutzoffiziere der Roten Armee vor in Königsberg
wiederentdeckten Gemälden aus sowjetischen Museen*

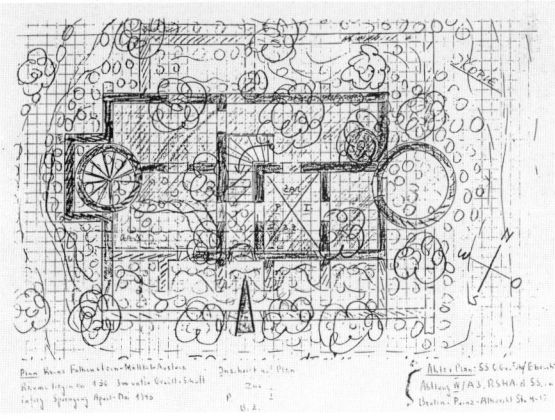

Teilansicht
von Schloß
Reinhardtsbrunn
mit dem
Bogengang
und dem
Ahnensaal

Georg Steins
Lageskizze für das
Bernsteinzimmer
in der Burg
Falkenstein

Ansicht des gesprengten Kalksteinhangs im Jonastal bei Arnstadt
Unvollendet gebliebener Stollen im Jonastal

*Fahrzeuge der Schweizer
Rote-Kreuz-Kolonne,
mit denen freigekaufte
KZ-Häftlinge in die
Schweiz gebracht wurden*

*Das Mundloch des
verschollenen Stollens
im Raum Aue
(Aufnahme von 1927)*

*Dwight D. Eisenhower
(sitzend) mit Generalen
und Offizieren der
US-Army im Kalischacht
von Merkers*

*Berliner Museums-
schätze im Kali-
schacht von Merkers*

*Die Gold- und Devisen-
schätze der Reichsbank
im Kalischacht*

Das Mundloch des Bonaventura-Stollens

Der Hof der ehemaligen Ponarther Brauerei heute

*Vorderansicht der Ruine
des Weimarer Landes-
museums mit dem Verbin-
dungsgang zum ehemaligen
Haus der Gliederungen*

*In die Kellerwand des
Hauses der Gliederungen
eingeritzter »Hinweis«*

Ein anonymer Brief

15. 1. 1987

Sie suchen für eine Ausstellung alten Bernsteinschmuck wie aus
Ihrem Inserat in der Weihenpost Nr 52, 1986 zu entnehmen ist.
Wie wäre es mit dem Bernsteinzimmer!
Jawohl daß, welches der Preußen König Friedrich-Wilhelm I
dem Zaren Peter I zum Geschenk machte 1717.
Ich dürfte wohl der noch einzige sein der berichten kann was ich
in jenen Apriltagen des Jahres 1945 gesehen habe.
Ich will mein Wissen gerne kund tun, zumal auch ich nicht ewig lebe
und mir nur noch eine sehr sehr begrenzte Zeit auf dieser Erde
verbleibt.

Wenn meine Bedingungen erfüllt werden erhalten Sie bescheit wo
alles ist. Wenn Sie nicht erfüllt werden, nehme ich mein Wissen
mit ins Grab. Es müßte schon ein Wunder geschehen sollte
dann das Bernsteinzimmer und alle anderen dort verborgenen
Dinge und Reichtümer je gefunden werden.

        Meine Bedingungen sind!
1. Das Bernsteinzimmer und alle anderen dort verborgenen Gegenstände und Reichtümer werden zu Volkseigentum erklärt und
   gehen zu je einem Drittel in den Besitz der Sowjet-Union
   der VR Polen und der DDR über.
2. Keiner der genannten Staaten darf seinen Anteil verkaufen,
   verschenken oder sonst veräußern. Das gesamte dort
   aufgefundene darf nicht auseinander gerissen werden.
3. Die genannten Staaten verpflichten sich in einen Vertrag
   alles dort aufzufindende im Museen für jedermann zugänglich zu machen. Jeder der 3 Staaten ist in einem zuver-
   einbarenden Zeitraum dann diese Schätze in seinem Lande
   zu zeigen. Die Dauer ist für jeden gleich.
Es soll dabei auf die Verbrechen der Nazis hingewiesen werden
die mit diesen Dingen im zusammenhang stehen.

Gebäude der ehemaligen Gauleitung in Weimar

*Abgeschnittene Strom-
und Wasserleitungen und
rätselhafte Zahlenkombi-
nationen im zweiten
Keller des ehemaligen
Hauses der Gliederungen*

Private **K U L T U R G Ü T E R** aus **K Ö N I G S B E R G & D A N Z I G**

Verpackung,Transport führt LZA I.III.Finow - Altentreptow - Anklam durch.
Die Unkosten auch für Einlagerung zahlt der zbV.Chef im RLM Berlin Dr.Dr.
Lange privat an die RLM - Kasse Berlin laut Vertrag.

Prof.Dr.Andree Uni Königsberg mit seinen Beamten erhält Durchführungs -
Befehl und Verwaltungsvollmacht durch den Gauleiter Herrn Koch und dem
zbV.Chef RLM Berlin Dr.Dr. Lange.

Holz und Kisten liefert das Säge - Hobelwerk Dr.Ing. Lange Burow/Pom.
privat an das LZA I. III.Finow.

Kisten Inhalt und Maße.

Bilder - Serien		60	Stck.	200 X 120 X 80
Kristallgläser -Serie - Gemischt		149	"	100 X 100 X 80
Keramik	Serie - Gemischt	110	"	160 X 100 X 80
Porzellan	Serie - Gemischt	235	"	100 X 100 X 80
Leuchten	Serie - Gemischt	85	"	120 X 100 X 80
Tafel- Bestek	Serie - Gemischt	75	"	100 X 100 X 80
Zinn	Serie - Gemischt	162	"	100 X 100 X 80
Uhren	Serie - Gemischt	55	"	200 X 80 X 80
Literaturgut - Schrifttum		500	"	100 X 100 X 80
Wandteppiche-Brücken-Großteppiche		160	"	400 X 100 X 100
Ritterrüstungen & Werkzeuge-Waffen		75	"	250 X 100 X 80

Bernstein - Sammlung und Bernstein - Zimmer werden gesondert verpackt
durch Fachleute des Säge - Hobelwerk Dr.Ing. Lange Burow/Pom.
Bekomt LKW Sondertransport nach Zeitbestimmung !

gez: Otto Lange
gez: Hermann Göring
Jagdhaus - Burow/Pom.
den,12.12.1943

FOTOKOPIE-ABLICHTUNG BEIM LETZTEN DDR BESUCH MITGEBRACHT VOM RICHTER
M.STR. SCHWARZ ANHALTEN. IKL.

Auszug aus dem »Vertrag« des Dr. Dr. Lange mit Hermann Göring

 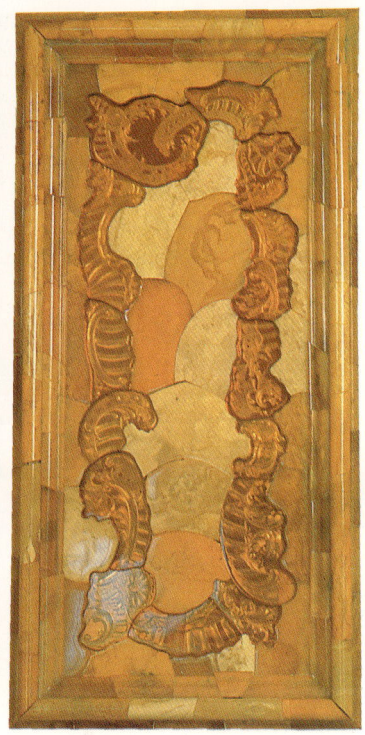

Links eine Fotografie von 1939, die als Vorlage für das rekonstruierte Paneel (rechts) dient

Embleme aus
verschiedenfarbigem
Bernstein

S. XXIII:
links: Fragment
derWandtäfelung

rechts:
– I. P. Sautow, Museums-
direktor von Puschkin
– der Bernsteindrechsler
W. Domratschew
– A. Schurawljow,
künstlerischer Leiter des
Rekonstruktionsteams

Rohbernstein
und Produkte
daraus in der
Bernsteinzimmer-
Werkstatt

XXIII

*Bernsteinschatulle aus dem 18. Jahrhundert, die aus Puschkin
gerettet werden konnte*

*Noch warten
die Wände des
Bernsteinzimmers
auf die rekonstruierten
Paneele und
Spiegel*

DAS VIERTE KAPITEL

Ein Arzt aus Riga kennt das Versteck. Der Brief aus Lübbenau.
Der Bunker an der katholischen Kirche. Frau Laube berichtet.
Vergrabungen. Aktion Brauerei. Bernsteinfieber in Adlershof.
»Live«-Sendung. Wer ist Barsow? Anonyme Briefe. Das Rätsel
der Weichselbucht. Phantastereien.

Das Jahr des Bernsteinzimmers

Das Jahr 1988 sollte zum Jahr des Bernsteinzimmers, zum
Jahr unzähliger neuer Vermutungen, Spekulationen, Geheimnisse und auch Aktionen werden. Aber wie real war das alles?
Ein Wilnaer Arzt, Gintautas Martinkus, hatte der Moskauer
»Komsomolskaja Prawda« Anfang Januar 1988 die Information
gegeben, irgendwo in Wilna wohne ein alter Mann, der das
Geheimnis des Bernsteinzimmers kenne. Nein, er sei nicht bereit, den Namen des alten Herrn zu nennen, der sich bei ihm
in Behandlung befinde, sofern er dabei leer ausgehen sollte.
Am 14. Januar fand beim Litauischen Kulturfonds eine Pressekonferenz statt. G. Tawridas, stellvertretender Vorsitzender
des Kulturfonds, informierte darüber, daß Gintautas Martinkus Arzt an einer Wilnaer Internatsschule und zugleich Chef
einer Werbungsfirma sei. Bereits im Oktober 1987, dann am
4. und 16. Dezember und am 11. und 12. Januar hatte man im
Litauischen Kulturfonds mit Martinkus gesprochen. Doch der
Arzt beharrte darauf, daß er den Namen seines Informanten
erst dann preisgebe, wenn man ihm schriftlich ein Honorar
in Höhe von einem Viertel des Wertes des Bernsteinzimmers und darüber hinaus Personenschutz garantiere. Mit
dieser Forderung hatte sich Martinkus sogar an den stellver-

tretenden Premierminister Litauens, A. Tschesnawitschus, gewandt.

Am 19. Januar 1988 schließlich stellte sich Martinkus der litauischen Jugendzeitung »Sowjetskaja Molodjosh« zum Interview. Der alte Herr, Martinkus' Informant, sei inzwischen an einem Schlaganfall verstorben. Er habe das Versteck 1946 selbst gesehen, jedoch lange geschwiegen, weil alle Mitzeugen umgekommen seien. Erst zehn Jahre später habe er sich Martinkus, der damals noch Student war, mitgeteilt. Beide seien sich darin einig gewesen, nichts verlauten zu lassen, bis bessere Zeiten anbrechen würden. Er selbst, so Martinkus, habe nicht versucht, in das Bernsteinzimmer-Versteck vorzudringen. »In das Gebiet des Verstecks, etwa 2 – 3 km^2, müssen erst Pioniertruppen geholt werden.«

Befragt, was geschehe, wenn sich das Bernsteinzimmer an dem angegebenen Ort nicht finde, antwortete der geschäftstüchtige Arzt: »Dann riskiere ich, der größte Dummkopf in Litauen zu sein.«

Man möge, bitteschön, nicht an sein Gewissen appellieren, distanzierte sich Martinkus von entsprechenden Fragen, Prämien würden für alles Mögliche ausgesetzt, nur nicht für das Bernsteinzimmer. »Hält man es für einen Schatz oder etwas Wertloses?« So ließen der Kulturfonds wie auch die »Sowjetskaja Molodjosh« die Sache auf sich beruhen. Beide hatten nicht die 25 Millionen Rubel, um das Risiko einzugehen: das Bernsteinzimmer zu finden oder Martinkus als »größten Dummkopf Litauens« bloßzustellen.

Drei Tage nach diesem Interview tauchten in der Redaktion der »Sowjetskaja Molodjosh« zwei junge Männer auf. Sie stellten sich vor, baten jedoch, im Falle der Veröffentlichung ihrer Aussagen zunächst die Pseudonyme Peter und Guntis zu verwenden.

Und folgendes berichtete Guntis:

»Im Jahre 1974 hatte ich als Soldat dienstlich im Kaliningrader Gebiet zu tun. Dort lernte ich einen alten Mann kennen, der mir diese Geschichte erzählte: ›Im Herbst 1944 bin ich in der Nähe von Königsberg auf eine aus drei deutschen Fahrzeugen bestehende Kolonne gestoßen. Es war nachts und es war Krieg, deshalb hielt ich es für besser, mich im Gebüsch zu verbergen. Die Fahrzeuge stoppten, 10 oder 12 Mann in SS-Uniform sprangen heraus, ihr Führer war ein großgewachsener, breitschultriger Mann. Er war in einem Pkw gekommen, die beiden Lkw waren mit Kisten beladen. Die Deutschen entluden die Kisten. Scheinwerfer beleuchteten den Platz, wohin die Kisten gebracht wurden. Jeder Deutsche hatte eine Taschenlampe auf der Brust. Die Kisten waren grau, und ich konnte die Aufschrift ›Peterhof‹ lesen. Die Deutschen legten die Kisten in ein vorbereitetes Versteck, das sie zumauerten. Ziegel und Zement hatten sie mitgebracht. Das Ganze dauerte drei oder vier Stunden. Es war kalt, ich fror, und die Zeit zog sich endlos dahin. Als alles erledigt war, erschossen drei der Männer die anderen. Die Leichen luden sie auf die Lkw, die sie darauf in Brand setzten. Es gab zwei Explosionen. Die drei stiegen in den Pkw und fuhren davon!‹

Ich fragte den alten Herrn, ob die Stelle nicht längst entdeckt sei. Energisch wies er diese Vermutung zurück. Er sei nach dem Krieg dort gewesen und habe alles unversehrt vorgefunden.«

Guntis fügte hinzu, der alte Herr, damals Anfang Siebzig, habe ihm den Standort genau angegeben und sogar eine Lageskizze angefertigt. Das Versteck befinde sich nicht auf freiem Feld, wie Martinkus angegeben hatte, sondern in einem Siedlungsgebiet des Kaliningrader Bezirks. Ansonsten aber könnten sich die Angaben mit denen von Martinkus decken. Im übrigen würden er, Guntis, und sein Freund Peter sich mit einer Prämie von einem Prozent des Bernsteinzimmerwertes begnügen. Doch sollte dies juristisch einwandfrei niedergelegt werden.

Eine wilde Story, könnte man meinen.

Ende Oktober 1988 erhielt ich von der Illustrierten »Freie Welt« eine Zuschrift von Frau Rosemarie Koch aus Lübbenau. Frau Koch schrieb: »Vor ca. 15 Jahren übernahm ich eine Tätigkeit, die bisher ein Mann im Rentenalter erledigt hatte. Eine Weile arbeitete ich mit ihm noch zusammen. Dabei erzählte er mir, er sei damals dabeigewesen, als das Bernsteinzimmer versteckt wurde. Er sei der einzige Überlebende. Versteckt wären das Zimmer bzw. die Kisten unter einem Springbrunnen in oder um Königsberg. Unter dem Springbrunnen wäre ein Raum ausgebaut gewesen, in den die Kisten eingelagert wurden. Darauf hätte man alles wieder zugemauert. Damals wären alle Beteiligten von SS-Leuten, die das Ganze geleitet hätten, erschossen worden. Alles geschah bei Nacht. Nur er wäre der Kugel entgangen, hätte sich mit umfallen lassen. Ohne sich um etwas zu kümmern, sei die SS weg. Nachdem Ruhe war, flüchtete er von dem Ort und machte sich Richtung Heimat nach Lauta auf.«

Schon Paul Enke war bei seinen Recherchen immer wieder auf Leute gestoßen, die sich erinnerten, jemand hätte ihnen erzählt ... Er registrierte diese Aussagen, maß ihnen allerdings wenig Bedeutung bei. Aber hier hatte man es mit drei Aussagen zu tun, die irgendwie zusammenpaßten, mochten sie in einigen Details auch voneinander abweichen.

Frau Laubes Erinnerung

Der einstige Oberpräsident und Gauleiter von Ostpreußen sowie Reichskommissar der Ukraine, Erich Koch, hielt sich am Ende seines Lebens für einen weisen Mann. Im Gefängnis von Barczewo vermißte er kaum etwas, außer natürlich der Freiheit. Mit ihr hätte er in den heutigen »alten Bundesländern« sogar Anspruch auf eine erkleckliche Pension gehabt, etwa in

der Höhe wie sie »Kamerad« Karl Wolff, SS-Obergruppen-
führer und direkter Stellvertreter von Heinrich Himmler, bezog. So gab er den wenigen Journalisten, die zu ihm vorgelas-
sen wurden, meist auch die Auskunft: »Laßt mich frei, und ich
sage euch, wo das Bernsteinzimmer liegt.«

Das war die einzig belegbare Aussage des Kriegsverbre-
chers, wenn man von jener absieht, in der er ausdrücklich erklärte, er wisse nicht, wo das Bernsteinzimmer verblieben sei,
da er in den letzten Kriegstagen anderes zu tun gehabt habe,
als sich um Kisten zu kümmern.

Zu den sonstigen angeblichen oder tatsächlichen Aussagen
Kochs gehörte auch, das Bernsteinzimmer wäre im April 1945
in einem Bunker am Stadtrand von Königsberg verborgen
worden. Der Phantasie besonders polnischer Publizisten waren keine Grenzen gesetzt. Da tauchte auch SS-Obersturm-
bannführer Ringel auf, der angeblich mit direkten Weisungen
Hitlers und Himmlers bei Koch mit Befehlen vorstellig geworden sei, das Bernsteinzimmer zu verbergen. Allein die Erwäh-
nung des Namens »Ringel« verwies kategorisch auf den Pa-
pierkorb.

Im Februar 1967 hatte ein Korrespondent der »Dzennik Lu-
dowy« über ein Gespräch mit Koch in Barczewo berichtet.
Hiernach sei das Bernsteinzimmer in einem Bunker bei der alten katholischen Kirche im Königsberger Vorort Ponarth verborgen worden. Der Bunker sei dann durch Bomben einge-
ebnet worden.

Enke schrieb über diese Aussage Kochs: »Erstens war die
Kirche in Ponarth evangelisch und zweitens war sie 1945 weder gesprengt noch bombardiert worden ... Dies bekundete
kein Geringerer als der damalige Pfarrer der Kirche.«

Am 18. März 1988 kommt ein Anruf aus Berlin-Weißensee:
»Ich stamme aus Ponarth. Man hat Herrn Enke belogen. In
Ponarth gab es eine katholische Kirche.« Eine Woche später
gibt Frau Irmgard Laube Auskunft über das, was sie damals,

»im Herbst oder Winter 1944« selbst erlebt hat. Wladimir Lapski, Korrespondent der Moskauer »Iswestija« in Berlin, ist dabei.

»Ich bin gebürtige Ponartherin«, erzählt Frau Laube, »bin dort kurz vor dem Zusammenbruch noch eingesegnet worden. Mein Vater war der einzige Elektriker im Ort und hatte sich auch um die Elektroanlagen der Gaststätte ›Südpark‹, gleich neben der Brauerei, zu kümmern. Der Besitzer war Georg Beck. Gauleiter Koch hat dort oft seine Saufgelage abgehalten und Krähen gefressen, anderes Wildbret gab es nicht mehr. Ich ging in die Mittelschule an der Schifferdeckerstraße. Das war hier.«

Sie zeigt die Stelle auf dem mitgebrachten Stadtplan. »Und hier oben war die kleine katholische Kirche. Wir Schüler waren des öfteren da. Dort haben wir jedes Jahr auch die Fronleichnamsprozession beobachtet. Die Leute liefen da so um die Kirche herum. Ja, und dann gab es neben der Kirche auch einen Bunker. Der hatte so einen halben Meter Aufschüttung, in der Belüftungsrohre steckten. Kein Luftschutzbunker. Im Spätherbst oder Winter 1944 kamen Leute vom Luftschutz in unsere Schule und sagten, wir sollten die Fenster öffnen, es würde gesprengt. Wir hörten Detonationen, und als wir aus der Schule kamen, war der Erdhügel über dem Bunker verschwunden; Arbeiter waren dabei, das Gelände zu harken. Das stimmt genau mit dem überein, was die polnische Zeitung schreibt.«

Frau Laube deutet auf die Stelle in Enkes Buch und liest vor: »Dieser Bunker sei dann dem Erdboden gleichgemacht worden. Außerdem wären darauf Bomben zur Explosion gebracht worden, um alle Spuren zu verwischen.«

Soweit Frau Laube, die im Fall der Veröffentlichung ihrer Aussage um ein Pseudonym bat. Der »rätselhafte« Tod des Ehepaars Rohde im Dezember 1945, das damals noch »verdächtige« Ableben von Georg Stein im August 1987, dazu noch der Tod Enkes vier Monate später, die Schilderung des Litauers Guntis, von der wir ihr berichtet hatten – so viel Bedrohliches konnte schon böse Ahnungen erzeugen.

Am 15. Mai erschien Lapskis Bericht »Die Spur führt nach Ponarth« in der »Iswestija«. Aus der »Laube« hatte Lapski darin eine »Taube« gemacht.

Nun »stört« an der Schilderung von Frau Laube allerdings das Datum: Spätherbst oder Winter 1944. »Am 12. Januar 1945 meldete Rohde dem Städtischen Kulturamt, daß er das Bernsteinzimmer in Kisten und andere Behälter verpacke und die Wandtafeln, sobald die Arbeit erledigt sei, gemäß Anordnung des Kurators für die Denkmäler der Provinz nach Sachsen, namentlich nach Wechselburg bei Rochlitz und nach Burg Kriebstein bringen werde.«[32]

Das entsprechende Schriftstück war im Nachlaß von Enke nicht zu finden. Offenbar handelte es sich um die Rückübersetzung eines sowjetischen Schriftstücks, das Enke – von wem auch immer – zugesandt worden war.

Die Brauerei in Ponarth

Enke: »Ein konkreter Hinweis betraf die Brauerei in dem kleinen Stadtteil Ponarth im Süden der Stadt. Danach sollten die Kisten mit dem Bernsteinzimmer in den mehrgeschossigen Kelleretagen der Brauerei untergebracht worden sein.«[33]

Das kleine Ponarth hatte zwei Brauereien: die Actien-Brauerei Schönbusch an der Schönbuscher Straße und die Actien-Gesellschaft Brauerei Ponarth an der Speichersdorfer Straße.

Die »Sunday Times« vom 24.8.1969 hatte den Hinweis veröffentlicht, daß es sich bei dem Verbergungsort um die Schönbuscher Brauerei handelte. Die Brauerei wurde untersucht. Man fand nichts außer einem Lager mit schrottreifen Schreib-

maschinen. Die andere Brauerei, die Actien-Gesellschaft Brauerei Ponarth, wurde damals, Anfang der 70er Jahre, nicht in die
Untersuchung einbezogen. Warum, bleibt ein Geheimnis. Bis
1947 produzierte die Brauerei noch, vor allem mit deutschen
Arbeitern. Dann wurde sie stillgelegt. Die Russen waren zu jener Zeit noch keine Biertrinker. Das wohl konservativste Land
der Welt brauchte Jahrzehnte, um sich an das Gerstengetränk
zu gewöhnen. Die Sorten »Shigulowskoje« oder »Trojnoe So-
lotoje« gerieten eher zu einer Karikatur dessen, was der Mit-
tel- und Westeuropäer unter Bier versteht. Der Kenner mußte
auf die sporadischen Lieferungen aus der Tschechoslowakei
oder DDR hoffen.

In den 70er Jahren entstanden dann auf den Grundmauern
der Brauerei eine Limonadenfabrik und ein Kfz-Depot. Die
Vergangenheit hatte man zugeschüttet.

Am 9. Mai 1988 kommt ein Brief von Rudolf Harnisch. Er
schreibt aus Prieros, seiner »Sommerresidenz« im Kreis Königs Wusterhausen. Harnisch, der mit Enke gut bekannt war,
ist Schriftsteller. Sein Roman um den Hitlersekretär Bormann
wurde zu einem Bestseller. Harnisch kennt sie schon seit lan-
gem, die Leiterin der Prieroser HO-Verkaufsstelle, Ruth Drescher, eine gebürtige Königsbergerin. Diese Frau Drescher
hat nach 1945 zwei übereinstimmende Hinweise über den Verbleib des Bernsteinzimmers erhalten:

»1. Von einem polnischen Kraftfahrer in der damaligen sowjetischen Besatzungszone. Der Kraftfahrer gab an, er und
weitere fünf polnische Hiwis[34] hätten Anfang Februar 1945 auf
dem Hof des halb ausgebrannten Königsberger Schlosses das
in Kisten verpackte Bernsteinzimmer auf 6 Lkw verladen und
unter Bewachung von Wehrmachtsoldaten Richtung Elbing
abtransportieren müssen. Kurz vor Elbing sei die Kolonne von
sowjetischen Schlachtfliegern angegriffen und ein Lkw dabei
zerstört worden. Das Frachtgut dieses Lkw – Bernstein aus
den aufgeplatzten Kisten – sei auf die übrigen fünf Lkw verteilt

worden, und die Kolonne sei nach Königsberg zurückgefahren. Am Südrand der Stadt, im Vorort Ponarth, sei sie von SS-Posten aufgehalten worden, die Kisten seien abgeladen und in die unterirdischen Gewölbe einer nahegelegenen Ponarther Brauerei verbracht worden.

2. Im Jahre 1987 besuchte Ruth Drescher in Kiel eine Freundin aus der Königsberger Zeit, die bis 1945 als Chefsekretärin der Preußischen Bernsteinsammlungen in Königsberg tätig gewesen war, die Stadt erst 1946 verlassen hatte und den Bericht des polnischen Kraftfahrers vollinhaltlich bestätigte. Darüber hinaus sagte sie, was sie bis zu ihrer Abreise aus Kaliningrad in Erfahrung bringen konnte: Das Bernsteinzimmer sei im Eiskeller der Ponarther Brauerei verborgen, die Zugänge seien danach zugemauert worden.

Frau Drescher stimmte dem Bericht ihrer Kieler Freundin zu und fügte ergänzend an: In Ponarth gab es zwei Brauereien
– die Brauerei Schönbusch
– die Ponarther Brauerei.

Die größere sei die Ponarther Brauerei gewesen mit großen unterirdischen Gewölben, die als Eiskeller benutzt wurden. Frau Drescher lokalisiert diese Brauerei so: In unmittelbarer Nähe befänden sich zwei Teiche, der Hubertusteich und der Schwanenteich. Vom Gelände des Königsberger Hauptbahnhofs führte eine eingleisige Eisenbahnlinie in einer schluchtartigen Vertiefung bis zur Ponarther Brauerei.

Nach Kenntnisnahme des Buches von Paul Enke ›Bernsteinzimmer-Report‹ erklärte Frau Drescher, in der Schönbuscher Brauerei sei in der falschen Brauerei gesucht worden, bei dem Hinweis handelte es sich offenbar um eine Irreführung.«

Am 28. Mai 1988 publiziert Wladimir Lapski in der »Iswestija« Frau Dreschers Aussage unter dem Titel »Die Spur führt erneut nach Ponarth«.

Beim sowjetischen Kulturfonds hat sich inzwischen der

ehemalige Königsberger Postbote Josef Blutschek gemeldet. Seine Aussagen stimmen mit der von Frau Drescher überein.

In Enkes Report ist von einem Mann die Rede, der 1945 »als Zwölfjähriger Vergrabungen in der Nähe einer Brauerei beobachtet hatte«.[34] Einer Notiz Enkes zufolge handelte es sich um Hans Döhring, beschäftigt in einem Ostberliner Verlagshaus. Auch die Telefonnummer war notiert.

Döhring sagt: »Ja, ich habe mit Enke gesprochen, ist wohl schon 10 Jahre her. Was ich gesehen habe, war aber nicht bei einer Brauerei, sondern am Bahngleis in der Nähe der Brauerei Ponarth.«

Schon 1987 hatte sich bei Enke ein Mann gemeldet, der fragte, ob er etwa mit dem Zwölfjährigen gemeint wäre. Nach Enkes Notizen handelte es sich dabei um Erwin Boltzio aus Leipzig, der mit seinem Bruder Werner aus Chemnitz (damals Karl-Marx-Stadt) Vergrabungen in Ponarth beobachtet hatte. Enke suchte beide Brüder getrennt auf, verglich ihre Aussagen und Zeichnungen miteinander. »Alles stimmte überein«, sagte Werner Boltzio. »Enke hat dann noch mit dem Kopf geschüttelt und gemeint: ›In dem Alter?‹. Aber wir haben das beide wirklich so gesehen. Ich habe das schon 1982 dem sowjetischen Konsulat hier in Karl-Marx-Stadt gemeldet. Eine Antwort ist nie gekommen.«

Das ist erklärlich, zum Teil wenigstens, wenn man es mit dem Begriff Höflichkeit nicht so genau nimmt. Denn 1983 stellte die zweite sowjetische Suchexpedition in Kaliningrad die Arbeit ein.

»Es war im Januar oder Februar 1945«, berichtet Werner Boltzio. »Ich war damals 11, Erwin 12 Jahre alt. Wir spielten oft in der Nähe der Brauerei. Es war sehr kalt an dem Tag, aber es lag kein Schnee. Vor der Brauerei Ponarth hoben sowjetische Gefangene Gruben aus. SS-Leute standen da mit MPi. Dann schleppten die Gefangenen Kisten, große Kisten unterschiedlichen Formats, heran und versenkten sie in den Gruben. Die Kisten waren schwarz, vielleicht schwarz angestrichen oder mit Dachpappe verkleidet. Am nächsten Tag sind wir wieder hingegangen. Aber da war keine Spur mehr von den Gruben.«

Im Juni 1988 kommt ein Brief aus Moskau. Leonid Nierenburg, Regisseur beim Zentralen Sowjetischen Fernsehen, bezieht sich auf Lapskis ersten »Iswestija«-Artikel und hat verschiedene Fragen dazu. Nierenburg schreibt auch von erneuten Ausgrabungen, wobei er den Ort offenläßt. Er erhält umgehend Antwort und darüber hinaus meine neuesten Informationen über Ponarth. Überhaupt geht von nun an alles, was in der DDR über Ponarth bekannt wird, direkt nach Kaliningrad.

Auf Initiative einer Rigaer Zeitung war im Februar 1988 eine neue, 60 Mann starke Expedition gebildet worden. Diese privat entstandene Initiative wollte vor allem der von Peter und Guntis gewiesenen Spur nachgehen. So übermittelte es Sergej Iwanow, ein Zivilangestellter der Gruppe der Sowjetischen Streitkräfte in Deutschland, der mit der Expedition enge Verbindungen unterhielt. Im April 1988 erhielt die Expedition die Grabungserlaubnis. Über die ersten Aktivitäten ist leider nichts bekannt geworden.

Nierenburg wußte lediglich mitzuteilen, die ersten beiden Versionen hätten sich nicht bestätigt. An der dritten arbeite man. Und die schien den Kaliningrader Experten – bestärkt wohl auch durch die Informationen aus der DDR – so sicher, daß sie allenthalben Euphorie verbreiteten. Die Krone des so inszenierten Rummels bildete zunächst eine TASS-Mitteilung vom 2. August 1988. Darin hieß es, ein Dokument sei aufgetaucht, das auf die Brauerei Ponarth hindeute. Dieses Dokument hat es offenbar nie gegeben. Aber was tut man nicht alles, um das Interesse der Öffentlichkeit zu erregen, wenn man, wie im Falle der Rigaer Expedition, auf deren Spenden und das Entgegenkommen gewisser Leute angewiesen ist? Denn die

Rigaer waren im Kaliningrader Gebiet gar nicht so gern gesehen. Nicht nur, weil deren eventueller Erfolg für die Kaliningrader einer Blamage gleichgekommen wäre, sondern auch, weil unternehmungstüchtige Amateure ganze Friedhöfe zerwühlt und sogar Grabsteine als Fundgut vereinnahmt hatten. Ein Sowchosdirektor, D. I. Kartaschow, hatte die Expedition gar mit den Worten abgewiesen: »Von eurem Bernsteinzimmer gibt es nichts auf dem Sowchos-Gelände und soll es auch nichts geben.«

Abenteuer Bierkeller

Bei Presse, Rundfunk und Fernsehen der DDR hatte der Funke der TASS-Meldung gezündet. Man bat um Interviews, um nähere Informationen.

Am 10. August 1988 ruft Dr. Rolf Leuschel vom Fernsehen bei mir an. Er trägt damals den einprägsamen Titel »Chefredakteur für Publizistik im internationalen Programmaustausch«. Leuschel sagt: »Am Wochenende gehen die Ausgrabungen in Kaliningrad los. Wir haben unsere Korrespondentin Hardy Kühnrich drüben, die für uns berichten wird. Wir wollen eine Sendung vorbereiten. Wenn es losgeht, also wenn der Eiskeller oder Bierkeller der Brauerei erreicht ist, machen wir Direktübertragung von dort und eine kleine Talk-Show mit Einspielung der von uns vorbereiteten historischen Rückblicke. Können Sie Sonnabend herkommen?«

Den Einwand, daß die Chancen, in der Brauerei etwas zu finden, bestenfalls 30:70 stünden, läßt Leuschel nicht gelten. Das 30:70 war schon sehr hochgegriffen, doch nachdem sich die Spur Reinhardsbrunn in Wohlgefallen aufgelöst hatte und noch immer kein verläßlicher Beleg dafür gegeben war, daß das Bernsteinzimmer Königsberg je verlassen hatte, lag es schon auf der Hand, dort wieder mit der Suche zu beginnen. Auch Rudi Wyst ist nie von seiner Überzeugung abgegangen, daß das Zimmer in Königsberg verborgen wurde. Allerdings mochte er sich mit dem Hinweis auf Ponarth nicht anfreunden. »Da war doch die Front am nächsten«, meinte er. Rudi kannte die Erinnerungen des Kampfkommandanten von Königsberg, General Otto Lasch (»So fiel Königsberg«), fast auswendig.

Am Sonnabend, dem 13. August, ist dann »Generalprobe« im Adlershofer Studio. Außer der fünfköpfigen Fernsehmannschaft sind noch Hans Erichson, Direktor des Bernsteinmuseums in Ribnitz-Damgarten, Dr. Norbert Müller vom Militärgeschichtlichen Institut Potsdam und ich anwesend. Die Sendung verspricht interessant zu werden, wenn das Bernsteinzimmer im Bierkeller tatsächlich gefunden wird.

Als das billigste Schlafmittel der Welt galt die Aktuelle Kamera des DDR-Fernsehens damals. Auch die Sendung vom 14. August 1988 war eine Zumutung für den am Tagesgeschehen Interessierten: Jubiläum der Talsperre Sosa, FDJler und Pioniere in festlichem Aufzug, Erntenachrichten, Informationen über Produktionserfolge in einem VEB. Erst ganz zum Schluß ein Blick über Kaliningrad, das ehemalige Königsberg. Studenten beim Buddeln auf dem Gelände der einstigen Brauerei Ponarth. DDR-Korrespondentin Hardy Kühnrich gibt Auskunft. Der Leiter der Suchgruppe, Awenir Owsjanow, Dozent an einer Technischen Hochschule in Riga, sagt, man sei sich keineswegs sicher, das Bernsteinzimmer diesmal zu finden. Doch ein Mißerfolg sei auch ein Erfolg. Finde man es nicht, werde das die Zahl der möglichen Verbergungsorte weiter einengen. Die Kamera fängt einen Pioniersoldaten ein, scheinbar unbeteiligt an dem, was vor sich geht. Ansonsten sehen die Zuschauer flaches Gelände, im Hintergrund ein einstöckiges gelbes Haus, dahinter Reste eines Backsteinturms.

Am Montag ruft Hans Döring an: »Habe die Sendung gesehen, die suchen ja an der verkehrten Stelle, im Eiskeller soll doch das Versteck sein. Das ist der rote Turm im Hintergrund. Auf dem Hubertusteich hat man damals das Eis geschlagen, es auf einem Stichkanal zu dem Eiskeller gebracht und dort mit einer Hubvorrichtung von oben eingeschüttet, wo es der Wärmedämmung wegen mit Sägespänen vermengt wurde. Eiskeller ist ja eine falsche Bezeichnung; denn der Turm lag über der Erde. Ich mache euch mal eine Zeichnung.«

Dörings Hinweis ging sofort nach Moskau und von dort nach Kaliningrad. In Kaliningrad war man inzwischen bar jeder Euphorie, verlangte, Frau Drescher solle sofort kommen. Aber wie denn? Das Genehmigungsverfahren hätte günstigstenfalls Wochen, wenn nicht gar Monate beansprucht. Dabei hätte Frau Drescher nichts lieber getan, als ihre Heimatstadt wenigstens noch einmal zu sehen.

Ende August schloß die Rigaer Expedition ihre Sucharbeiten ab. Das sowjetische Fernsehen strahlte einen 18minütigen Film über die Sucharbeiten in der Brauerei aus. Er zeigte junge Leute in Gummistiefeln und mit Plastehelmen, die recht burschikos herumstiegen, mit Handbohrern Löcher in die Ziegelwände bohrten, herumklopften und schließlich an einer Wendeltreppe stehenblieben, deren weiterer Verlauf nach unten zubetoniert war. Heureka, es gibt also noch einen Keller darunter. Mit dieser ungeheuer wichtigen Feststellung schloß der Film. Unter den Leuten, die da planlos herumtappten, entdeckte ich auch Hardy Kühnrich. Später fragte ich sie, weshalb sie die ganze Zeit über ein so bitterböses Gesicht gezogen habe. »Na, was meinen Sie denn, was ich für Angst hatte. Da konnte eine Mine hochgehen, sich irgendwo ein Loch auftun. Es war Niemandsland da unten.«

An 28 Punkten Kaliningrads hatte man bisher gesucht. Ohne Erfolg. »Wir werden unsere Kräfte koordinieren. Das Winterhalbjahr werden wir nutzen, unsere Dokumentation, nicht zuletzt mit Hilfe unserer Freunde aus der DDR, zu vervollständigen«, sagt Juri Iwanow, Direktor der Kaliningrader Sektion des sowjetischen Kulturfonds, im Oktober 1988 zu dem damaligen Chefredakteur der »Freien Welt«, Jürgen Geitner. »Wir haben inzwischen gelernt, daß wir mit einer Handvoll Idealisten, die während ihres Urlaubs, ohne hinlängliche Suchausrüstung, nach dem Bernsteinzimmer forschen, nicht weiterkommen.« Alexander Konjuchow, stellvertretender Leiter des Expeditionsstabes, fügt hinzu, es habe an geeigneten technischen Hilfsmitteln gefehlt, um in die erforderlichen Tiefen vorzudringen.

Eine böse Kritik an den Bernsteinzimmer-Suchern in Kaliningrad brachte die »Komsomolskaja Prawda« vom 8. September 1989 unter dem Titel »Hat es überhaupt eine Suche gegeben?« A. Maximow, Mitglied einer Suchkommission in den 60er Jahren, schreibt in seinen Memoiren: »Man forderte von der Abteilung Kommunalwirtschaft der Stadtverwaltung einen Grabenbagger an. Der hob dann haufenweise Schotter aus, ohne auf festen Grund zu kommen. Alle Arbeiten standen unter der Leitung von Angestellten der Stadtverwaltung, die dem Baggerführer ihre Kommandos mit dem Daumen gaben. Sie gingen hin und her, zuckten mit den Schultern, ruderten mit den Armen und befahlen, an drei Stellen flache Gräben auszuheben. Damit endete das fällige Unternehmen Bernsteinzimmersuche.«

Die 1967 gegründete zweite Expedition, die bis 1983 Bestand hatte, war kaum besser ausgerüstet als die erste. Grabungen durften nur dann betrieben werden, wenn die betreffende Version von mehreren Zeugen bestätigt war. Hatte ein Objekt nur einen Zeugen, galt es automatisch als aussichtslos.

Bei der dritten, 1988 gebildeten Expedition hält sich das Blatt zwar mit kritischen Äußerungen zurück, zitiert jedoch den bereits erwähnten Juri Iwanow: »Eindeutig, ohne materielle, wissenschaftliche und technische Hilfe kommen wir nicht zurecht.«

Indirekt wird in dem Aufsatz auch Paul Enke angegriffen:

»Mit leichter Hand schufen Schriftsteller ›ausländische‹ Versionen vom Versteck des Bernsteinzimmers. Sie waren interessant, spannend und unterschieden sich vorteilhaft von dem, was schon bekannt war. Und so entstand die Meinung: Wenn sich das Bernsteinzimmer nicht bei uns befindet, wie in der Presse behauptet wird, dann brauchen wir danach nicht zu suchen.«

Nun, mit »leichter Hand« hat Enke sein Buch gewiß nicht geschrieben. Vielleicht hat er geirrt mit seiner Version. Das schmälert jedoch nicht den Wert seiner großartigen, akribischen Untersuchung. Nachdenkenswert ist auch das, was A. Kedrinski, der Mann, der mit seinem Team seit Jahren an einer Nachbildung des Bernsteinzimmers arbeitet, der »Komsomolskaja Prawda« sagte: »Für mich besteht seit vielen Jahren das Rätsel darin, weshalb der hervorragende Bernsteinfachmann Alfred Rohde aus der gefallenen Hauptstadt Ostpreußens nicht abgereist ist. Was hielt ihn noch? Die Verantwortung für die Sammlung? Die Liebe zum Bernstein? Oder irgendein spezieller Auftrag jener, die kapituliert hatten, geflohen waren ...?«

Gleiches hatte Professor Gerhard Strauss im Oktober 1976 an Enke geschrieben: »Warum ist Rohde samt Familie nicht vor der Kapitulation ›ins Reich‹ geflohen? Er war schwerkrank (Parkinsonsche Krankheit o. ä.), wäre jederzeit von den Flüchtlingstransporten mitgenommen worden ... Fast scheint mir das auf ein Verbleiben des Bernsteinzimmers bis zur Kapitulation in Kbg. hinzudeuten.«[36]

Doch gerade Professor Strauss verdankte Enke einen wichtigen Hinweis. Unter Strauss' Leitung waren im Dezember 1949 Grabungen in der Königsberger Schloßruine durchgeführt worden. Dabei legte man auch die Durchfahrt unter dem zerstörten Albrechtstor frei und fand – zersplitterten Bernstein! Erst viel später stieß Enke auf einen ehemaligen Wehrmachtsoffizier, der angab, einen Transport von Kunstgütern aus Ostpreußen, darunter auch das Bernsteinzimmer, begleitet zu haben. Als eines der Fahrzeuge das Albrechtstor des Königsberger Schlosses passierte, sei es mit der Tordurchfahrt kollidiert, und eine Kiste mit Bernsteintäfelungen sei zerbrochen. Der Transport sei dann in das Thüringische, zwischen Ilmenau und Schleusingen, gebracht worden.

Paul Enke war ehrlich genug, die Gesamtaussage des Mannes als Phantasterei zu qualifizieren. Zwei Details aber griff er dennoch auf: die Kollision am Albrechtstor und Thüringen als Verbringungsort. Der Oberleutnant a. D. konnte zu jener Zeit weder von dem Fund der Bernsteinsplitter noch von der vermeintlichen Spur nach Thüringen etwas wissen, wenn er nicht irgendwie selbst damit zu tun gehabt hätte.

Wer ist Professor Barsow?

Das »Jahr des Bernsteinzimmers« endete am 1. November 1988 mit einer Sendung des DDR-Fernsehens über die Suche nach dem Bernsteinzimmer. Einer kurzen Einleitung durch den Moderator, Wolfgang Mertin, folgte die Einspielung eines Teils der 18minütigen Aufzeichnung über die Suche im Bierkeller von Ponarth. Dann stellte man eine Live-Schaltung mit Kaliningrad her: Ein an sich völlig nichtssagendes Gespräch mit drei Herren der dortigen Suchexpedition schloß sich an. Den Schluß bildete eine »Talk-Show« mit Hardy Kühnrich, Dr. Burkhard Göres, Direktor des Kunstgewerbemuseums Berlin-Köpenick, Hans Erichson, Direktor des Bernsteinmuseums Ribnitz-Damgarten, und mir. Es war eine schlimme, vordiktierte Sendung (»kein Wort über die BRD, nur DDR und SU«). Ein Mächtiger des sozialistischen Medienzirkus hatte, von keinerlei Kenntnis der Materie getrübt, den Rotstift mißhandelt. Es war auch keine Live-Sendung, wie der Betrachter glauben sollte. Man traute halt niemandem mehr. Allerdings lag zwischen Aufnahme und Sendung nur eine halbe Stunde; denn ein Teilnehmer der Talk-Show hatte sich erheblich verspätet.

Immerhin wurde die Sendung von einigen Prozent DDR-Bürgern gesehen, die indes ebensowenig wie wir wissen konnten, daß die von uns beantworteten Anrufe nicht echt waren.

Vor Beginn der Sendung hatte jemand aus dem Fernsehteam die Frage gestellt: »Wer ist Professor Barsow?« Der Mann hatte Enkes Buch gelesen und meinte: »Zu allen möglichen Personen hat Enke nähere Erläuterungen gegeben, aber jener Professor wirkt wie eine graue Eminenz, fast wie eine erdachte Figur.«

Ich erinnerte mich, Paul Enke bei der Lektorierung seines Manuskripts gefragt zu haben, ob man den Namen Barsow im Deutschen nicht besser mit Doppel-S schreiben sollte, weil das kyrillische Alphabet ja ein stimmhaftes und ein stimmloses S kenne. Paul sagte nur: »Das ist völlig egal, der Mann hieß ohnehin nicht Barsow, es ist ein Pseudonym.« Dann, ein paar Wochen später, erwähnte er beiläufig: »Du wolltest doch was über den Barsow wissen. Er hat 1955 was veröffentlicht, ein Buch oder einen Zeitungsartikel mit der Überschrift ›Auf der Suche nach dem Bernsteinzimmer‹. Übrigens soll er nach 1945 hier gesessen haben, in deinem Verlag. Er nannte sich damals Semjonow und war Kulturredakteur bei der ›Täglichen Rundschau‹; ich habe das erst kürzlich erfahren.«

Semjonow ist ein Allerweltsname bei den Russen, so etwa wie Schmidt oder Lehmann bei uns.

In sowjetischen Nachschlagewerken fand sich kein Hinweis auf einen Professor Viktor Barsow oder einen Semjonow, der für die bei Enke erwähnte Person in Frage gekommen wäre. Vielleicht handelte es sich um einen Irgendjemand aus dem Heer der vielen ansonsten unbekannten Professoren sowjetischer Hochschulen. Aber als Kunstschutzoffizier im besetzten Ostpreußen?

Anonyme Briefe

Während die Expedition in der Ponarther Brauerei bereits im Gange war, gab es auch im Erzgebirge rege Aktivitäten. Die »Erzgebirgischen Heimatblätter« hatten dazu aufgerufen. Ein Anonymus aus Leukersdorf schrieb am 27. Juni 1988 an deren Redaktion:

»Warum in die Ferne schweifen, denn das Gute liegt so ... Ihr Olbernhauer, seht Euch doch in der Nähe um. An der Pockau, Richtung Schwarzbeerschenke, Hintergrund. Dort steht noch heute ein sehr schönes Gebäude, jetzt Kinderheim elterngelöster Kinder, wie das so schön heißt. Erbaut als Ferienheim der Höheren-Töchter-Schule Chemnitz. In diesem Winkel, etwa 500 m im Fels, eine gut verschließbare Tür. Ja, dort war das große Versteck. Alte Anwohner, links, ehe man ans Heim kommt, der Lastwagenunternehmer kann Aufschluß geben. Er erzählte uns bei einer Wanderung: In diesem Winkel hält man noch reiche Beute versteckt. Gold und Silber in reichen Kostbarkeiten. Oben steht ein schönes Gut. Jetzt ›Ferienheim‹ einer Firma aus Halle. Dort wohnten die braunen Bonzen ...«

Den »Erzgebirgischen Heimatblättern« war die Information des Anonymus so neu nicht. Rudolf Einert, einst als Steiger bei der SDAG (Sowjetisch-deutsche Aktiengesellschaft) Wismut im Bereich des Ortsteiles Hintergrund von Pobershau tätig, kannte dieses Bergrevier genau. Um das Jahr 1980 hatte ihm der inzwischen verstorbene Hugo Ullmann aus Hintergrund mitgeteilt, im Frühjahr 1945 sei dieser Abschnitt des Tals der Schwarzen Pockau (im Volksmund »Schwarzwassertal«) etwa eine Woche von SS-Einheiten hermetisch abgeriegelt worden. Im Jahre 1981 erstattete Einert eine Anzeige bei der Kriminalpolizei Marienberg, in der er angab, daß sich im Bonaventura-Stollen bei Hintergrund etwa 10 bis 20 m hinter dem an der First noch zugänglichen Mundloch eine eingezogene Betonwand befinde. Bestätigt wurde diese Wahrnehmung später von Lothar Riedel aus Chemnitz, der den Stollen ebenfalls »befahren« hatte. Beide waren davon überzeugt, daß hinter der Betonwand ein Geheimdepot liegen müsse.

Hinzu kam, daß der Verantwortliche Redakteur der »Erzgebirgischen Heimatblätter« bereits Mitte der 60er Jahre mehrere Hinweise auf ein Depot bei Hintergrund erhalten hatte.

Am 15. Juli drang eine Gruppe von fünf Bergfreunden in Begleitung eines Polizeiangehörigen in den Bonaventura-Stollen ein. Zwei mit Wasser gefüllte Gesenke versperrten das Vordringen. Aus rasch gefällten Kiefern wurde ein Floß gezimmert. Die Suche mußte schließlich ergebnislos abgebrochen werden. Die Betonwand fand man nicht.

Bereits im Januar 1987 war im Bernsteinmuseum von Ribnitz-Damgarten ein anderer anonymer Brief eingegangen. Darin hieß es: »Ich dürfte wohl der einzige sein, der berichten kann, was ich in jenen Apriltagen des Jahres 1945 gesehen habe ... Wenn meine Bedingungen erfüllt werden, erhalten Sie Bescheid. Wenn sie nicht erfüllt werden, nehme ich mein Wissen mit ins Grab ... Meine Bedingungen sind:

1. Das Bernsteinzimmer und alle anderen dort verborgenen Gegenstände und Reichtümer werden zu Volkseigentum erklärt und gehen zu je einem Drittel in den Besitz der Sowjetunion, der VR Polen und der DDR über.

2. Keiner der genannten Staaten darf seinen Anteil verkaufen, verschenken oder sonst veräußern. Das gesamte dort Aufgefundene darf nicht auseinandergerissen werden.

3. Die genannten Staaten verpflichten sich, in einem Vertrag alles dort Aufgefundene in Museen für jedermann zugänglich

zu machen. Jeder der 3 Staaten ist in einem zu vereinbarenden Zeitraum dran, diese Schätze in seinem Lande zu zeigen. Die Dauer ist für jeden gleich.

Es soll dabei auf die Verbrechen der Nazis hingewiesen werden, die mit diesen Dingen im Zusammenhang stehen.

4. Im Zeitraum von 5 Jahren, der sich immer wiederholen wird, muß diese Ausstellung für 4 Monate in Ribnitz-Damgarten sein. Für geeignete Ausstellungsräume haben die Regierungen der 3 Staaten jede für sich Sorge zu tragen.

5. Bei der Bergung der genannten Dinge muß die internationale Presse sowie Fernsehen zugelassen sein.

Setzen Sie sich mit den zuständigen Stellen in Verbindung. Antwort entnehme ich unserer Presse ...«

Ein wirklich skurriles Ansinnen. Der Brief war in Anklam aufgegeben worden. Doch der Anonymus fügte in seinem Deutsch hinzu: »Man braucht nach mich nicht zu suchen. Denn dieser Brief könnte ebenso in Suhl oder Leipzig, Berlin oder Ribnitz-Damgarten aufgegeben sein.«

Paul Enke tat den Brief mit den Worten ab: »Ein Psychopath mehr.«

Im Spätsommer 1987 traf der zweite Brief des Sonderlings ein. Hier lieferte er eine Andeutung über die Lage des Verstecks:

»Das Bernsteinzimmer liegt nicht auf dem Grund der Ostsee, ist auch nicht in einem westdeutschen Schloß, auch nicht in Südamerika zu finden. Es ist im Danziger Raum versteckt worden ... Ich traf im Raum Danzig jenen von mir früher schon einmal erwähnten Walter Koch aus Brandenburg, ich kannte ihn von einer anderen, der 93. Infanterie-Division. Dort war er für Waffen und Gerät in einer Einheit verantwortlich. Hier nun war er Begleiter eines Transports von Königsberg kommend. Da ich neugierig war, erfuhr ich nun, was transportiert wurde und wo es hin sollte. Es sollte nach Schleswig-Holstein, nach Flensburg, auf Kriegsschiffen, die nordöstlich der Danziger

Bucht lagen. Aber es ging nicht mehr. So wurde es im Danziger Raum versteckt. Da haben sich die Verbrecher auch etwas einfallen lassen. All Euer Suchen würde vergebens sein. Ihr würdet nichts finden. Sie fanden aber auch ihre Strafe, denn sie schifften sich auf einer Flakfähre ein und wollten die Kriegsschiffe erreichen und somit nach Westen entkommen. Diese Fähre wurde von Schlachtfliegern angegriffen und versenkt. Somit kamen alle um in der Danziger Bucht. Darum könnte kein anderer als nur ich etwas über das Versteck sagen ...«

Enke gab mir den Brief mit dem Bemerken: »Leg ihn ab.«

Der dritte Brief war mit dem 5. Januar 1988 datiert und bezog sich auch auf Enkes letzten Artikel in der »Wochenpost« Nr. 52/1987: »Zu Eurem Artikel von Paul Enke, der da von humanistischen Anliegen spricht. Ich habe den Humanismus zu oft zu spüren bekommen, auch heutigentags noch, wo er bei mir besonders zählt, daß ich nicht anders handeln kann ...

Das Bernsteinzimmer ist im Danziger Raum versteckt und mit ihm wertvolle Dinge, die den materiellen Wert des Bernsteinzimmers um ein Vielfaches übertreffen ... Für mich gibt es nur eines, Ihr wollt das Bernsteinzimmer. Dann erfüllt meine Forderungen, die Euch ja als meine Bedingungen bekannt sind ...«.[37]

Es war der letzte Brief des Sonderlings. Er kam in die Akte »Unerledigtes«. Erst im Mai 1988 sprach ich mit meinem »Fahnderkollegen« Dieter Hilpert darüber, und wir kamen zu dem Schluß, daß es nicht schaden würde, über die »Wochenpost« an das Gewissen des Mannes zu appellieren, obgleich wir beide eher zu Enkes Auffassung neigten, daß es sich um einen Psychopathen handelte, der über das Versteck des Bernsteinzimmers nicht mehr wußte als wir. So kam es zu dem Interview mit Winfried Neubert, »Suche, die nach Gewissen fragt«, das am 15. August 1988 in der »Wochenpost« erschien.

Seine Kenntnisse hatte der Anonymus mit einiger Sicherheit von Enke, der auf Seite 88 seines »Bernsteinzimmer-Reports« den Litauer A. Motutas zitiert: »Im Frühjahr 1945 vergruben Deutsche im Nordwestteil der Gdansker Bucht irgendwelche Kunstwerke.

Es ist möglich, daß diese Kunstwerke aus Königsberg nach Pillau gebracht wurden, um sie auf dem Wasserwege nach Norddeutschland zu bringen.« Daß der Anonymus Enkes Buch gelesen hatte, läßt sich auch anderen Äußerungen in den Briefen entnehmen.

Während meines Urlaubs im Juni mußte ich Hilpert das Vergnügen überlassen, mit unserem »Kollegen« aus Liechtenstein, Baron Eduard von Falz-Fein, zu sprechen, der sich gerade in Dresden aufhielt. Der Baron gab dann auch ein Interview für den Deutschen Fernsehfunk, in dem er sich dafür aussprach, den Spuren in Königsberg mehr Aufmerksamkeit zu widmen.

Auf Geheiß des damaligen Herrschers über alle DDR-Fernsehschirme, Heinz Adameck (oder eines seiner Subalternen), wurde in der sogenannten Live-Sendung vom 1. November auf die Ausstrahlung des Interviews verzichtet.

Der versenkte Schlittentroß

Im Herbst 1980 fand in Sewastopol, der Hafenstadt am Schwarzen Meer, die erste Tagung der sowjetischen Sporttaucher statt. Damals sagte der Vorsitzende des Sporttaucherklubs der Medizinischen Hochschule von Odessa: »Prima, daß wir im Süden leben, an einem warmen Meer, aber wir haben einen Veteranen, der von der kalten Ostsee träumt. Und wißt Ihr warum? Er sagt, er habe eine Beziehung zum Bernsteinzimmer und träume davon, es zu bergen.«

Der Veteran hieß Dmitri Jefimowitsch Gruba, den Redakteure der Jugendzeitschrift »Technika-Molodjoshi« bald nach der Sporttauchertagung aufsuchten. Gruba hatte während des Krieges als Unterleutnant in der 5. sowjetischen Panzerarmee gedient und einen Zug von 34 Mann befehligt. Es war am 23. Januar 1945, als Grubas Zug das Frische Haff (die Weichselbucht) erreichte. Das Thermometer zeigte etwa 20 Grad Frost, und das Haff lag unter einer dicken Eisdecke. Hinter Tolkemid sahen die Panzersoldaten, wie sich in etwa zwei Kilometer Entfernung auf dem Eis ein Troß aus fünf oder sechs Schlitten, jeweils von zwei Pferden gezogen, auf die Frische Nehrung zubewegte. Es war der einzig noch verbliebene Fluchtweg der Deutschen. »Mit Direktbeschuß aus drei Panzern haben wir den Troß versenkt. Jeweils 15 Granaten schlugen auf dem Platz ein. Die Schlitten lagen im aufgewirbelten Schnee und versanken dann im gebrochenen Eis.«

Um die gleiche Zeit ergaben sich an der Küste ungefähr 40 Soldaten und ein Zivilist, »so um die 50, gepflegt, sah wie ein höherer Beamter aus«. Der Zivilist bat um sein Leben und sagte Gruba, dessen Soldaten hätten soeben das Bernsteinzimmer vernichtet. Der junge Unterleutnant wußte mit dem Begriff nichts anzufangen; der Deutsche klärte ihn auf und führte ihn nach Cadinen, dem Landsitz von Prinz Louis-Ferdinand, Enkel Kaiser Wilhelms II.

Im Keller des Gutshauses findet man eine frische Wand, nur einen Ziegel stark. Durch das aufgebrochene Loch erblickt Gruba vier große Kisten, etwa 1,5 m lang, 1,5 m breit und 2 m hoch. Seine Soldaten brechen die Kisten auf. Zum Vorschein kommen kristallene Lüster, markiert mit 5 oder 6 cm großen doppelköpfigen Adlern. In einer etwas kleineren Kiste befinden sich Spiegel in vergoldeten Rahmen.

»Das ist alles, was von dem Bernsteinzimmer geblieben ist«, sagt der Deutsche. »Wissen Sie jetzt, was Sie vernichtet haben?« Gruba berichtet seinem Bataillonskommandeur von dem Vorfall, und der macht Meldung an den stellvertretenden Kommandeur der 5. Panzerarmee, General Polubojarow.

Gruba wurde im April bei einem deutschen Gegenangriff schwer verwundet, kehrte nach seiner Genesung in die Armee zurück und wurde nach Erreichen des Pensionsalters als Major entlassen.

Den Vorfall am Frischen Haff hatte er fast vergessen, als er im Jahre 1973 in der »Iswestija« las, daß polnische Studenten im Raum Slask nach dem Bernsteinzimmer suchten. So wandte sich Major a.D. Gruba direkt an den damaligen Ministerpräsidenten der UdSSR, A. N. Kossygin. Die Antwort lautete:

»Ihr Schreiben vom 12. Februar d. J. betreffs der Organisation der Suche nach dem Bernsteinzimmer ist dem Ministerium für Kultur der UdSSR (stellv. Minister, Gen. W. I. Popow), das direkt mit den Fragen der Suche nach dem Bernsteinzimmer zu tun hat, zugestellt worden.

27. Februar 1974   B. Basanow«

Die Antwort aus dem Ministerium ließ zwei Monate auf sich warten. Sie lautete:

»Wir teilen Ihnen mit, daß Ihr Schreiben, die Organisation der Suche nach dem Bernsteinzimmer betreffend, einer Sonderkommission der Regierung unter Vorsitz des stellvertretenden Ministers für Kultur der RSFSR, Gen. W. M. Striganow, der sich mit diesem Problem befaßt, zugeleitet worden ist. Ihr Anliegen wird zur Zeit geprüft. Von dem ergangenen Beschluß erhalten Sie Bescheid.

D. N. Kulschizki
stellvertr. Leiter d. V. f. Bild. Kunst
und Denkmalschutz.«

Gruba hat den Bescheid nie erhalten. So wandte er sich als Ukrainer an »seinen« stellvertretenden Ministerpräsidenten, P. T. Tronko. »Schon« ein Jahr nach dem ersten Gesuch erhielt er Antwort von der Kaliningrader Geologisch-Archäologischen Expedition:

»Die Informationen aus Ihrem Schreiben an den stellvertretenden Ministerpräsidenten der Ukr. SSR, Gen. P. T. Tronko, und an das Ministerium für Kultur der RSFSR sind unserer Organisation zur Prüfung zugegangen. Da für Sucharbeiten außerhalb des Territoriums der UdSSR sehr gewichtige Belege für die Zweckmäßigkeit derartiger Arbeiten benötigt werden, hätten wir gern von Ihnen eine möglichst ausführliche Beschreibung der Stelle, von der aus sich der Troß bewegte, und eine Skizze des betreffenden Abschnitts sowie eine möglichst vollständige Beschreibung der Umstände, unter denen Sie erfuhren, daß der Troß Schätze evakuierte.

18. April 1975   Hochachtungsvoll
J. Storoshenko
Leiter der Kaliningrader Geologisch-Archäologischen
Expedition.«

Dann herrschte wieder Schweigen, und schließlich wandte sich Gruba sogar an den KGB. Antwort: Nicht zuständig. Im ZK der KPdSU wurde er an das Kulturreferat verwiesen. »Wir prüfen das, Sie erhalten Bescheid«, lautete die Antwort.

Der Kreis der Nichtverantwortlichen hatte sich geschlossen.

Fünf Jahre später nahm sich »Technika-molodjoshi« der Sache an. Die Redaktion kam zu dem Schluß, daß der am 23. Januar 1945 versenkte Schlittentroß wertvolle Kulturschätze transportiert haben mußte.

Doch wiederum brach eine lange Zeit der Untätigkeit an. Wegen der Arbeiterunruhen in Polen wurde die Ausreise nach Polen gesperrt. Dann fanden die Olympischen Spiele in Moskau und die Weltfestspiele statt.

Erst im Sommer 1988, fast zeitgleich mit den Grabungen in der Ponarther Brauerei, geht die Expedition, unterstützt von polnischen Pfadfindern, ans Werk. An der Mole von Tolkemid (heute Tolkmicko) nimmt Gruba lange Visier, bezeichnet die Stellung der Panzer mit Graffitti und gibt die Fluchtlinie der Schüsse an. »Unser Ziel lag in etwa zwei Kilometern von hier.«

Gleich zu Beginn wird sich die Expedition darüber klar, wie

schwierig sich die Unterwassersuche gestalten würde. Meterhoch lagert hier der Schlamm. Die Weichsel spült seit Jahrhunderten ungeklärte Abwässer in die Bucht. Die Industrialisierung hat sie zu einem toten Meer gemacht.

Ein flachgängiger, von einem Laser-Theodoliten gesteuerter Kutter tastet mit einem Ortungsgerät den Grund ab und setzt an den Stellen Bojen, wo größere Gegenstände geortet werden. Taucher untersuchen darauf, bis zu eineinhalb Metern in den Schlamm einsinkend, die Stellen. Das Fundergebnis besteht schließlich aus Ziegelsteinen, einer Muschelkalkplatte, einem aufgequollenen schwärzlichen Balken und einer verrosteten Blattfeder. Keine Lkw, keine Schlitten, keine Boote, ganz zu schweigen von den gesuchten Kisten oder Kistenresten. Die Bucht ist wie leergefegt.

Ernüchtert müssen sich die Expeditionsmitglieder sagen lassen, daß in den 50er Jahren zahlreiche polnische Betriebe die Bucht mit Schleppnetzen abgesucht haben. Was von dem Gefundenen noch brauchbar erschien, Autos, Fuhrwerke, Schlitten und Schiffe, wurde an Einheimische verkauft, der Rest verschrottet, und für den Metallschrott gab es damals ganz ansehnliche Prämien. Waren auch Kisten mit Bernsteinplättchen, die sich ja unter Wasser von den Holzpaneelen gelöst haben mußten, darunter?

An Major a. D. Grubas Aussagen zweifelte niemand. Aber hatte er in den aufgewirbelten Schneemassen überhaupt erkennen können, daß das Ziel wirklich getroffen worden war? Und wenn der festgenommene Beamte, aus welchen Gründen auch immer, den jungen Unterleutnant angelogen hatte, so daß auch die im Keller des Herrenhauses gefundenen Lüster und Spiegel keine Beziehung zum Bernsteinzimmer hatten? Statt Antworten auf das Rätsel des Bernsteinzimmers immer wieder neue Fragen.

Die Frage, wer der Beamte gewesen war, erübrigt sich fast. »Wir brachten ihn zum Bataillonsstab«, sagte Gruba. Für Un-

terleutnant Gruba war das Bernsteinzimmer damals ebensowenig ein Begriff wie für seinen Bataillonskommandeur oder
den stellvertretenden Kommandeur der 5. Panzerarmee, den
späteren Marschall Polubojarow. Als Mitglieder der Expedition ihn wegen der Funde im Keller des Herrenhauses von
Cadinen befragen wollten, mußten sie erfahren, daß er ein Jahr
zuvor verstorben war.[38]

Skurrilitäten

Die Fernsehsendung vom 1. November 1988 hatte, so dürftig
sie auch war, eine erneute Flut von Zuschriften an das Fernsehen der DDR und an mich zur Folge. Und wieder spielte der
»Code« BSCH die Hauptrolle. Während der Talk-Show fand
ich nicht die Gelegenheit, die Zuschauer über den Irrtum aufzuklären. Außerdem wäre es recht peinlich gewesen, das an
dieser Stelle zu offenbaren.

Viele hatten sich noch in der Nacht gleich nach der Sendung darangemacht, Briefe zu schreiben.

Zu denen gehörte auch Herr S. aus einem Ort im Süden
Mitteldeutschlands.[39]

Und Herr S. hatte die Lösung des Bernsteinzimmer-Rätsels
parat, jegliche Zweifel ausschließend, und dazu noch eine be-
eindruckende Story.

Herr S. schrieb: »Betr. Bernsteinzimmer möchte ich Ihnen
mitteilen, daß sich die gesuchten Gegenstände in einem alten
Stollen zwischen 6300 Ilmenau und Manebach in Thüringen
befinden. Der Stollen wurde bei Ilmenau zugesprengt. Die da-
durch beschädigte Brauerei Schleusingerstraße wurde erst
unlängst abgerissen. Der Stolleneingang beim Waldkaffee/
Waldschlößchen wurde in den 40er/50er Jahren zugeschüttet.« Dieser Hinweis war allerdings ganz neu. Im Bereich

Arnstadt/Ilmenau gab es im Frühjahr 1945 ganz andere Depotmöglichkeiten. Aber damals geschah so manches, was sich rational nicht erklären läßt.

Herr S. berichtete nun: »Am 22. 01. 1945 stand auf dem nahen Güterbahnhof (von Elbing – G. W.) der Sonderzug des Gauleiters Koch unter dem Kommando des SS-Obersturmbannführers Wyst. Dieser mußte auf Befehl von Göring auf eine Abteilung Fallschirmjäger warten, welche das Bernsteinzimmer in einem Möbelwagen mit sich führten. Sie kamen wahrscheinlich aus Schlobitten. Unmittelbar hinter ihnen folgten die sowjet. Panzerspitzen, die etwa 1 km von unserem Haus stehenblieben und die Eisenbahnlinie Richtung Westen blockierten.

Die KFZ der Fallschirmjäger wurden von Soldaten der Wehrmacht in den Zug des Wyst verladen. Diese Soldaten haben sich dann zufällig in unserer Wohnung aufgehalten. Sie warteten auf schwere Waffen, um gegen die sowjet. Panzer vorgehen zu können. Sie haben uns gesagt, was der Zug geladen hat, und uns geraten, mit dem Zug mitzufahren. Mein Unglück begann, als mich der Unteroffizier der Gruppe zur gegenüberliegenden Post schickte, um ein Päckchen aufzugeben. Ich sagte den dort befindlichen Flüchtlingen, daß auf dem Güterbahnhof ein Zug steht. Der Wyst und der Kommandeur der Fallschirmjäger telefonierten gerade mit Koch und dann wahrscheinlich auch mit Göring. Von der Frau des Postmeisters Baranowsky erfuhren sie meinen Namen. Die Fallschirmjäger versteckten dann in unserem Keller eine Sprengladung mit Zeitzünder. Sie explodierte aber erst, als wir das Haus bereits verlassen hatten.

Während der Wyst die Bekämpfung der sowjet. Panzer organisierte, wurde der Zug von Arbeitern der Schichau-Werke in der Dunkelheit (22.1./23.1.45) aus Elbing herausgefahren. Mein Vater war gerade Schichtmeister. Der Wyst ist dann mit einem U-Boot aus der Elbinger Werft abgefahren. Da das Boot

Antriebsschaden hatte, konnte es nur bis Gotenhafen fahren. Der Transport wurde dann als Verlust gemeldet, von dem Wyst aber an der Weichselbrücke bei Dirschau abgefangen. Auf der Brücke, die unter Beschuß lag, wurde der Möbelwagen mit dem Bernsteinzimmer beschädigt. Er konnte dann meines Wissens nur noch geschleppt werden und wurde dann bei Ilmenau in der Nähe des Stolleneingangs abgewrackt.

Den Transport hat sich dann eine verbrecherische Organisation angeeignet. Es gab aber Komplikationen, da während der Fahrt noch die Kettenfahrzeuge des Oberleutnants K.[40] übernommen werden mußten (ob vor oder hinter der Weichselbrücke kann ich nicht genau sagen, wahrscheinlich nach dem Passieren der Weichselbrücke bei Dirschau), die ja in Ilmenau entladen wurden. Einige Fakten sprechen dafür, daß diese Fahrzeuge Atomwaffen transportierten, welche durch die Offensive der Roten Armee nicht mehr zum Einsatz gelangten.

Durch Kriegseinwirkungen und fehlendes Brennmaterial (offenbar Kraftstoff – G. W.) kam der Transport erst am 5.2.1945 (es kann auch der 4.2.45 gewesen sein) in dem Dorf Neulutzig bei Polzyn/Kr. Belgard (heute VR Polen) an, wo er von einer SS-Einheit übernommen wurde.

Den Kommandeur der SS-Einheit und andere Banditen habe ich später in Ilmenau gesehen. Alle Personen aus Elbing wurden in dem Dorf Neulutzig festgehalten. Die SS wollte alle Personen, die Kenntnis über die Ladung des Zuges hatten, umbringen. Das wurde durch den Kommandeur der Fallschirmjäger verhindert. Er wurde, wie mein Vater, von der SS erschossen.

Ein außerordentlich wichtiger Teil des Transportgutes wurde bei dem Dorf Neulutzig versteckt und dort aus meinen eigenen Erfahrungen bis August 1947 von der SS bewacht.

Der Wyst ist am 5.2.1945 mit einem Verbindungsflugzeug zum Flugplatz Schneidemühl geflogen und von dort mit einem schnellen Jäger nach Chemnitz, wo er wahrscheinlich mit

Mutschmann (Sachsens Gauleiter – G. W.) den Verbleib des Transports absprechen wollte. Durch Popp oder Sauckel (Gauleiter von Thüringen – G. W.) wurde dann der Transport aber nach Ilmenau umgeleitet. Gegenstände, die in Weimar bzw. Reinhardsbrunn entladen worden waren, wurden später mit einem LKW des Roten Kreuzes der Schweiz nach Ilmenau geholt. Der Fahrer des LKW hat dort bis etwa 1953 gewohnt.

Der SS ist es dann noch gelungen, die Zeugen ihrer Machenschaften in dem Dorf Neulutzig umzubringen. Sie wurden durch den Arzt des Flugplatzes Schneidemühl (meines Wissens ein Verwandter des SS-Kmdr.) mit einer Seuche infiziert. Ich selbst habe mehrere Mordanschläge überlebt, dabei aber in Notwehr Angehörige der Waffen-SS getötet, darunter auch einen nahen Angehörigen des SS-Kommandeurs. Die Rache der Faschisten war furchtbar. Ich bin erst in jüngster Zeit aus diesem Teufelskreis herausgekommen.«

Der Brief war an Wolfgang Mertin, den Moderator der Fernsehsendung vom 1. November 1988 adressiert. Eine Kopie schickte Herr S. mit separater Post an mich – offenbar mit der Absicht, den Briefinhalt zu veröffentlichen. Voilá, da war sie also, die Lösung des Rätsels, verbunden mit einer spannenden Story. Zwischen Ilmenau und Manebach, an einem genau bezeichneten Ort, liegt das Bernsteinzimmer versteckt.

Mertin oder ich hätten – ob dieser beeindruckenden Darstellung – geradezu die Pflicht gehabt, sofort die Kriminalpolizei zu informieren. Wir taten es nicht; Mertin hielt es gar für überflüssig, sich mit mir darüber zu verständigen. Wir beide kannten Zuschriften dieser Art hinlänglich, wenngleich die des Herrn S. das absolute Extrem darstellte. Mit einem müden Lächeln setzte sich Uwe Geißler in seinen »Wartburg«, um Herrn S. selbst aufzusuchen. Das gleiche müde Lächeln zeigte er, als er zwei Tage später bei mir wieder auftauchte. Er hätte auch nicht zu fahren brauchen, doch wir suchten ja nach dem kleinsten Körnchen Wahrheit.

Der Leser wird selbst einige Ungereimtheiten in dem Bericht des Herrn S. entdeckt haben.

Es beginnt damit, daß er just an dem Tag, wo die Landverbindung nach Westen bei Elbing abgeschnitten wird, von einem Unteroffizier zum Postamt geschickt wird, um ein Päckchen aufzugeben. Dann wird der Zug, obgleich die Rote Armee die Eisenbahnstrecke blockiert hatte, von Arbeitern der Schichau-Werke herausgebracht. Wyst sei dann »aus der Elbinger Werft abgefahren«. Und das Boot hatte Antriebsschaden. Schließlich die Mord- und Totschlag-Geschichte von Neulutzig, das bis August 1947 (!) noch von SS bewacht gewesen sein soll.

Das war schon sehr starker Tobak. Aber es kommt noch besser. Der Brief ist unwesentlich gekürzt wiedergegeben. Wesentlich an dieser unwesentlichen Kürzung ist indes, daß der Verfasser dort sein Geburtsdatum angibt. Er war gerade erst sieben Jahre alt geworden, als die letzten Transporte aus Elbing abgingen. Und wie dies wirklich geschah, hatte Frau Birnbaum geschildert.

Das Ganze war tatsächlich weit mehr Dichtung als Wahrheit, die aus sehr begrenzten, in keinerlei objektiven Zusammenhang zu bringenden Erinnerungen eines Siebenjährigen, verbunden mit Berichten von »Augenzeugen«, und der Lektüre von Enkes Buch rührte. Die Berufung auf Oberleutnant K. war dafür geradezu exemplarisch. Paul Enke hatte ihn als den Mann erwähnt, der seltsamerweise von den Bernsteinsplitterfunden unter dem Albrechtstor des Königsberger Schlosses wußte. Aber das war auch das einzige, was an den Darstellungen des ehemaligen Oberleutnants glaubwürdig erschien. Enke selbst hat ihn als »Spinner« bezeichnet.

In diese Kategorie reihte er auch jenen Dr. Dr. Otto Lange aus einem Ort bei Bad Frankenhausen ein, der behauptete, am 12.12.1943 mit Hermann Göring einen Vertrag über die Evakuierung von Kunstschätzen nach dem Kyffhäuser abgeschlossen zu haben. Lange konnte sogar eine Kopie der Aufstellung sowie Zeichnungen für die Sonderverpackung vorweisen, die das Bernsteinzimmer von seinem »Säge-Hobelwerk« in Burow/Pommern erhalten habe.

Dieser Story nicht unähnlich ist jene von einem Herrn Menard K., von der »Die Zeit« im Frühjahr 1984 erfuhr. K. berichtete von einem Wehrmachtsoffizier, der direkt in den Abtransport des Bernsteinzimmers verwickelt gewesen sein sollte. Nach Angaben dieses Offiziers habe Göring es trotz der Gegenwehr von Koch aus Königsberg abtransportieren lassen. Die Kisten seien dann auf drei Verstecke verteilt worden, zwei davon lägen in der Schorfheide, das dritte in einem Bergwerk bei Goslar. Allerdings, so sagte Herr K., wolle der Offizier, der jetzt 79 Jahre alt sei und sich in der Schweiz aufhalte, auf keinen Fall in Erscheinung treten. Denn bei der Einlagerung der Kisten in das Bergwerk hätten polnische Zwangsarbeiter mitgeholfen, die nach Abschluß der Arbeiten »gestorben wurden«. Herr K. gab an, Fotos von sieben Lkw mit »WH«-Kennzeichen, auf deren Pritschen die Kisten verstaut waren, sowie die etwas ramponierten Pläne vom Aufbau des Bernsteinzimmers bei dem Offizier gesehen zu haben. Und nicht nur dies. Der Offizier besitze unter anderem eine Bernsteintafel »von der Größe, wie sie jetzt in Puschkin zu sehen ist, und einen etwa 90 cm hohen Spiegelrahmen, bernsteinverziert«.

Inzwischen habe ein DDR-Devisenhändler mit dem Namen »Karlheinz« Kontakt zu Herrn K. aufgenommen. Er wollte vor allem die Pläne (wohl die Verstecke – G. W.) sehen. An den Verhandlungen interessiert sei auch ein gewisser Schalck, der als Nachfolger von Honecker gehandelt werde.

Woher konnte Herr K. dies wissen? Alexander Schalck-Golodkowski, Honeckers graue Eminenz, Staatssekretär im Außenhandel, hochbestallter Stasi-Offizier und Chefdevisenbeschaffer der DDR, trat erst Ende Oktober 1989 öffentlich in Erscheinung.

Hinter K. (dessen voller Name mir bekannt ist) stand noch ein gewisser G. H., der hinter Herrn K.'s Rücken den DDR-Behörden mitgeteilt hatte, das Bernsteinzimmer befinde sich in Paraguay und sei für 12 Millionen DM zu haben.

Eine Tauchergruppe rüstete sich im März 1983 für die Bergung der Schätze. Der Leiter der Gruppe machte sich in der Umgebung des Bergwerkes kundig und erfuhr, daß das Gelände im Frühjahr 1945 tatsächlich abgeriegelt worden war. 12 Lkw seien damals an dem Schacht vorgefahren. Den Plänen zufolge ist der Schacht geflutet. Man muß auf der Sohle 150 m weit tauchen und kommt dann zu einem 15 m hohen ausgeschossenen Dom mit den Bernsteinzimmerkisten.

Aus ihm nicht ganz verständlichen Gründen, so Herr K., habe der Chef des Unternehmens, G. H., die Tauchaktion plötzlich abgeblasen. Ihm hätte G. H. erklärt, es lohne sich nicht, die Russen würden bestenfalls eine halbe Million Finderlohn ›rausrücken‹, da sie das Zimmer inzwischen nachbauen.

Hier geht es nicht darum, Leute lächerlich zu machen, die, besonders soweit es Herrn S. betrifft, viele Stunden ihrer Freizeit dazu verwendet haben mögen, um an der Lösung des Bernsteinzimmer-Rätsels mitzuarbeiten. Schon deshalb wurden hier die Namen nicht ausgeschrieben und die Wohnorte nicht genannt. Was indes bei diesen Zeitgenossen stört, ist die Absolutheit ihrer Aussagen. Sie bieten nicht Hypothesen, überdenkenswerte Möglichkeiten an, sondern sie wissen es ganz genau. Herr S. hat seine Version noch im April 1991 – stark verkürzt zwar – in einer thüringischen Tageszeitung abdrucken lassen. Ohne die gewissenhaften Vorarbeiten von Strauss, Enke, Stein und anderen, die schon sehr kostenaufwendig gewesen waren, würden derart »absolut verläßliche« Informationen weiterhin viel Zeit und Geld kosten, wer immer auch der Sponsor sein mag.

Weit sympathischer erscheint uns deshalb ein anderer Sonderling aus dem Raum Jüterbog. Um diesen Raum werden schon seit vielen Jahren Sagen gewoben. Sie fußen auf einer durchaus realen Information. Reichsmarschall Hermann Göring, Deutschlands größter privater Kunstsammler und Kunsträuber, hatte beim Abtransport seiner Kunstschätze aus »Carinhall« in der Schorfheide einen Teil davon in der riesigen Bunkeranlage »Kurfürst« bei Jüterbog zwischengelagert. Ein Transport soll gar dort verblieben sein. Der Bunker wurde später in das sowjetische Militärgelände einbezogen. Nun gab es Gerüchte (auch bei Paul Enke klingt so etwas an), der Reichsmarschall hätte auf das Bernsteinzimmer reflektiert, und es sei in seine Hände geraten. Hardy Kühnrich sagte mir Ende Oktober 1988, ein Russe habe ihr unverblümt vorgeworfen: »Ihr Deutschen sitzt auf dem Bernsteinzimmer wie die Glucke auf ihren Kücken« und dabei Görings Raubgut erwähnt.

Solcherlei mehr oder weniger glaubwürdige Informationen boten hinreichend Stoff für Gespräche und phantastische Konstruktionen.

Jemand hatte in den letzten Kriegswochen eine Kolonne von Wehrmachtsfahrzeugen beobachtet, die in der Nähe eines alten Friedhofs haltmachte. Soldaten hätten Kisten abgeladen, es sei gebuddelt worden ...

Das war in jener Zeit so ungewöhnlich nicht. Später fanden sich dann Leute, die von jemandem gehört hatten, der es aus sicherer Quelle wußte, daß es sich um das Bernsteinzimmer handelte.

Davon hörte Mitte der 80er Jahre auch Herr A., dem auf dem alten Friedhof aufgefallen war, daß die meisten Gräber eingefallen waren, einige aber nicht. Nun ist das durchaus erklärlich. Sind die Särge verfault, stürzen die Grabhügel nach. Wenn die Verwandten oder Freunde des längst Verblichenen dessen Andenken weiter ehren wollen, lassen sie den Hügel erneuern. Herrn A. fiel jedoch auf, daß sich die erhaltenen Hügel auf eine ganz bestimmte Stelle konzentrierten. Mit einem selbstkonstruierten Bohrgerät ging er ihnen nächtens »auf den Grund«. Was er fand, waren – nach eigenen Angaben – Reste von Munitionskisten. Es ist durchaus möglich, daß deutsche Truppen gegen Ende des Krieges auf dem verlassenen Friedhof Munition vergraben hatten, um am Tag X, zum Wiederbeginn der nationalsozialistischen »Bewegung«, präsent sein zu können. Solche Verstecke gab es zu Hunderten. Die Spuren seiner nächtlichen Aktivitäten tilgte Herr A. jedesmal sorgfältig. Sein Traum, das Bernsteinzimmer zu finden, erfüllte sich nicht.

Das Jahr des Bernsteinzimmers war herum, aber hatte sich Entscheidendes getan? Gab es irgendwelche neuen Erkenntnisse? Jedenfalls wußte man wieder einmal, wo es nicht lag, um mit Awenir Owsjanow zu sprechen.

DAS FÜNFTE KAPITEL

Maurice Philip Remy: Rätsel sind dazu da, daß man sie löst. Im Jonastal. Merkwürdige Entdeckungen in Weimar. Stadelmanns Recherchen. Gauleiter Kochs Schätze. Ein »Werner« unter dem Rasen? Innenminister Diestel findet das Bernsteinzimmer. Asche in Schwepnitz. Remy entdeckt ein geheimes Tagebuch. Weshalb log Professor Brjussow? Zweifel an dem verbrannten Bernsteinzimmer. Das andere Bernsteinzimmer im Königsberger Schloß. Es entsteht neu.

Das letzte Kapitel?

Im Juni 1989 ruft Klaus Goldmann aus Charlottenburg an: »Der Remy hat nach deiner Adresse und Telefonnummer gefragt. Er hat was vor mit dem Bernsteinzimmer.«

Seit der »Live-Sendung« im DDR-Fernsehen am 1. November des Vorjahres war ich weg von dem Thema Bernsteinzimmer. Besondere Freude löste deshalb die Ankündigung nicht aus.

Dann meldete sich Remy selbst, wir verabredeten uns am Bahnhof Friedrichstraße und verfehlten uns prompt. An der unserem Treffpunkt genau entgegengesetzten Stelle erblickte ich einen baumlangen jungen Mann, der einen sackähnlichen Behälter mit sich schleppte. »Suchen Sie jemanden?« – fragte ich zögernd. »Ich suche Wermusch«, lautete die lakonische Antwort.

Das war der Anfang einer neuen Bernsteinzimmer-Freundschaft mit dem damals 26jährigen, 1,92 großen Maurice Philip Remy aus München, einem Selfmademan, wie ich ihn bisher nur aus Erzählungen kannte.

Remy durchstöberte mein ziemlich ungeordnetes Bernsteinzimmer-Archiv, stellte Fragen über Fragen, die ich nur mühevoll beantworten konnte, und das keineswegs wegen der respektablen Menge von »Berliner Pils«, das der Bayer zu meinem Erstaunen als »köstlich« bezeichnete.

Er hatte Enkes »Bernsteinzimmer-Report« gelesen und trachtete danach, die darin enthaltenen weißen Flecken auszufüllen. »Rätsel sind dazu da, daß man sie löst«, lautete seine Devise.

An diesem Tag hatte ich noch keineswegs den Eindruck, daß Remy der Mann wäre, der dem Problem tatsächlich auf den Grund kommen würde. Zu ziellos, fast chaotisch erschienen mir die Fragen. Das sollte sich bald ändern. Daheim ging Remy Enkes »Bernsteinzimmer-Report« systematisch durch und bombardierte mich in seinen Briefen mit Fragen. Hundert Fragen und fünfzig mehr oder weniger befriedigende Antworten, mußte ich später etwas resigniert feststellen.

Im Januar 1990 fahren wir nach Thüringen. Zunächst zu Gerhard Remdt in Ilmenau. Remdt berichtet über seine Forschungen zum Jonastal. Er zeigt auch die in seinem Archiv befindliche dubiose Zeichnung eines der Stollengänge mit der Aufschrift »Helft uns«. Schulkinder hatten die Zeichnung im Winter 1965 in einer bundesdeutschen Medikamentenröhre gefunden. Die Zeichnung selbst verrät nicht nur Ortskenntnis. Wer sie angefertigt hat, mußte selbst in dem Stollen gewesen sein. Auf die Frage, was er davon halte, hebt Remdt nur die Schultern.

Dann erzählt Remdt von seiner Version des Bernsteinzimmer-Verstecks und wiederholt: »Wenn es den Funkspruch des Sturmbannführers Ringel oder Wyst überhaupt gegeben hat, dann ergibt er nur hier einen Sinn, und dann war nicht B III sondern S III gemeint«.

118

Stadelmanns Entdeckungen

In Weimar suchen wir am 12. Januar 1990 die Ruine des Landesmuseums auf. Das Museum war tatsächlich nicht unterkellert, wie Enke in seinem Buch schreibt. Doch weshalb hat man es in den 45 Jahren nach seiner Bombardierung dem Verfall preisgegeben? Die noch erhaltene Substanz bot beste Aussichten für eine Restaurierung. Jetzt nun sind Tauben die einzigen Bewohner. Auf den Mauersimsen haben sie bis zu einem halben Meter hohe Guanohaufen hinterlassen.

»Rettet das Landesmuseum!« war schon bald nach der Wende an vielen Freiflächen der Goethestadt zu lesen.

Unser eigentliches Ziel in Weimar heißt Hans Stadelmann, eben jener Stadelmann, der im Frühjahr 1945 als 19jähriger Matrose dabei war, als in der Kieler Bucht ein Segelschiff auf die Übernahme einer kostbaren Fracht vorbereitet wurde. Er hatte mich bereits im Frühjahr 1989 telefonisch von seltsamen Beobachtungen auf dem Karl-Marx-Platz, in unmittelbarer Nähe des Landesmuseums, sowie in Archiven aufmerksam gemacht.

Der 65jährige Invalidenrentner frönt noch immer seiner Kellersucherei, wenn er sich nicht um sein kleines Grundstück hart an der Bahnstrecke kümmert. Nun sprudelt es aus ihm heraus: »Enke hat geschrieben, daß das Landesmuseum nicht unterkellert war. Das stimmt. Aber gleich daneben gab und gibt es riesige Kellerräume, völlig bombensicher, im ehemaligen Haus der Gliederungen und im gegenüberliegenden Gebäude der ehemaligen Gauleitung. Die sind vierfach unterkellert. Vom Landesmuseum zum Haus der Gliederungen führte ein etwa 20 Meter langer Gang; in einem unterirdischen Gang wurde 1945 noch eine Gipsbüste gefunden. Es gibt Zeugen genug, die bestätigen können, daß die Fläche zwischen dem ehemaligen Haus der Gliederungen und der Gauleitung auf dem Karl-Marx-Platz, damals hieß er Adolf-Hitler-Platz, von

1941 bis Anfang 1945 wegen Bauarbeiten gesperrt war. Dort arbeiteten Häftlinge aus Buchenwald. Ein riesiger Bunker ist da entstanden, der heute vergessen ist. Die Amerikaner und Russen sind nicht reingegangen, weil sie Angst vor Minen hatten. Ich habe immer wieder beobachtet, wenn im Winter bei wenig unter Null Schnee fiel, blieb er überall liegen. Innerhalb einer rechteckigen Fläche dort taute er weg. Ich habe dann in den Archiven gestöbert, die Bauunterlagen von damals sind weg, gegen Quittung ausgeliehen und nicht zurückgegeben. Den Namen auf der Quittung konnte ich nicht entziffern.«

Ich zeige Stadelmann ein von Dr. Walter Scheidig, dem ehemaligen Direktor der Kunstsammlungen zu Weimar, unterzeichnetes Schreiben. »War es die Unterschrift?« Stadelmann verneint. Es wäre auch zu simpel gewesen. Scheidig war Nazi gewesen, wurde jedoch auch von den Russen nicht »abgewikkelt«, wie es heute mit »Vorbelasteten« geschieht, sondern blieb im Amt. Wenn damals jemandem am Verschwinden der Bauzeichnungen gelegen war, dann kam der gewiß aus einer anderen »Firma«.

Übrigens war Erich Koch Ende Februar 1945 bei seinem »Amtsbruder« Fritz Sauckel in Weimar. Dafür gibt es Zeugen, auch wenn der Großdeutsche Rundfunk just zu dieser Zeit meldete, Koch bereite die Festung Königsberg auf die »Entscheidungsschlacht« vor.

Weshalb sollte Sauckel der Kunstsammlung Kochs keine sicherere Unterbringung geboten haben als das Landesmuseum? Noch dazu nach dem Bombenangriff am 9. Februar, also am angeblichen Tag der Einlagerung. »Für die ungewöhnliche Art der Einlagerung dieser kostbaren Sammlung – die vergleichsweise viel weniger wertvollen Bestände des Landesmuseums waren dagegen in einem Bergwerk untergebracht – gibt es nur eine Erklärung: Es bestand offenbar die Absicht, sie in Kürze weiterzutransportieren und an einem sicheren Ort unterzubringen«, schreibt Paul Enke.[41]

Das war allerdings ein etwas arger faux pas des Bernstein-zimmer-Fahnders. Gemessen an den Beständen der Weimarer Kunstsammlungen war Kochs Kollektion bestenfalls wert, ein drittklassiges Provinzmuseum zu schmücken. Die Aufstellung im Anhang belegt dies recht eindeutig.

Zudem hatten die Weimarer Kunstsammlungen in keinem Bergwerk eingelagert. Ihre Hauptbestände befanden sich in Schloß Schwarzburg bei Rudolstadt, auf der Wachsenburg, in der Staatlichen Schnitzschule von Empfertshausen und in einem der Dornburger Schlösser.

Hauptzeuge für die Ein- und Auslagerungen der Sammlung Koch im Weimarer Landesmuseum war übrigens Walter Scheidig. Hatte er Enke die Wahrheit gesagt?

»Und das mit dem Abtransport von Kochs Kunstsammlung am 9. und 10. April durch einen Schweizer Lkw, wie war es damit?« – frage ich Stadelmann. »Das war ein entsprechend aufgemachter Wehrmachts-Lkw von hier«, sagt Stadelmann. »Ein Abtransport aus Weimar war gar nicht mehr möglich. Die Stadt war abgeriegelt, Tiefflieger zogen pausenlos über die Stadt. Ich habe eine Zeugin gefunden. Sie war damals bei der Gauleitung angestellt. Sie sagte mir, daß der Lkw am 9. April vor dem Landesmuseum aufgeladen hatte und schon nach etwa zwei Stunden leer zurückkehrte. Die Sachen sind also in Weimar geblieben. In den Bunker unter dem Adolf-Hitler-Platz führte damals von der Brennerstraße her ein Eingang, den auch Lkw passieren konnten. Kurz vor dem Eintreffen der Amerikaner ist er zugemauert worden.«

Das hörte sich alles zwar abenteuerlich, aber nicht unlogisch an. »Und was ist mit dem Bernsteinzimmer?«

Hans Stadelmann zögert etwas und sagt dann: »Daß das Bernsteinzimmer oder besser ein Teil davon hierhergekommen sein könnte, vermute ich nur. Paul Enke schreibt von einem Möbelwagen, der bei dem Antransport von Kochs Kunstsammlung etwas abseits stand. Es ist nur eine Vermutung, daß ein Teil des Bernsteinzimmers hiergeblieben ist und schon am 9. Februar in den Bunker gebracht wurde.«

Ein bißchen ungereimt hörte sich das freilich an. Denn weshalb sollte man damals die Sammlung Koch nicht ebenfalls in den Bunker gebracht haben? Und gab oder gibt es ihn überhaupt?

In den Kellern

Hans Stadelmann ist überzeugt, daß die Sammlung Koch nie aus Weimar herausgekommen ist. Und das Bernsteinzimmer? Enke hat sich die Mühe gemacht, die in der Liste aufgeführten silbernen Leuchterarme zu zählen. Er fand, daß es fast ebensoviel waren wie im Bernsteinzimmer. Einige trugen sogar Bernsteinverzierungen. Ein Zufall? Sie wurden später nicht in Weimar aufgefunden. Dabei hätten zwei oder drei dieser Stükke genügt, um festzustellen, ob sie mit denen aus dem Bernsteinzimmer identisch waren. Jedenfalls läßt sich diese Beweisführung Enkes von einem Zusammenhang zwischen der Kunstsammlung Koch und dem Bernsteinzimmer nicht so einfach ad acta legen.

Es ist schon Abend, als Stadelmann uns zu dem ehemaligen Haus der Gliederungen bringt. Er macht uns auf die ungleichmäßigen Aufwerfungen des Pflasters vor dem langgestreckten Bau aufmerksam. Drinnen empfängt uns ein freundlich lächelnder Vietnamese, Student der hier etablierten Agraringenieurschule: »Sie wollen in Keller, bittßön.« Aus dem ersten Kellergeschoß dringt ein kleines high life, Gitarrensound und Rockmusik kommen aus den Nebenräumen. Stadelmann führt uns zu einer Stahltür. Dahinter liegt ein Raum mit Gerümpel, eine Treppe, die offenbar weiter nach unten führt, ist mit Erde verfüllt.

Weshalb?

Im Gang des zweiten Kellergeschosses sind seltsame Zahlenkombinationen auf die Betonwand aufgetragen. Jeweils von vier Fingern mit Mörtel: 95/89; 76/70; 108/102 ... Dann entdecken wir an der Wand Wasser- und Stromversorgungsleitungen. Sie sind abgesägt bzw. abgeschnitten. Sie führten nach draußen. Was befand und befindet sich draußen, hinter der Kellerwand?

Einige Wasserleitungen sind noch erhalten, Einhalb-Zoll-Leitungen. »Die sind tot«, bestätigt eine freundliche Hausangestellte. Leitungen dieses Kalibers werden gewöhnlich nicht von außen her in ein Gebäude gelegt.

Stadelmann kennt sich genau aus hier unten. Wir steigen eine weitere Kellertreppe hinab: Vor uns liegt ein Raum von einer Ziegelwand begrenzt. »Hat sie eine Stützfunktion?« – fragt Remy. Stadelmann sagt, das möchte er auch wissen. Der Raum hier liege bereits unter der Straße. »Man müßte die Wand aufbrechen.« Dann der Heizungskeller. Stadelmann hebt eine Bodenplatte an. »Horcht mal, da unten fließt ein Bach. Das ist der Asbach. Er fließt in die Ilm. Unter dem ganzen Gelände hinweg.«

Als wir wieder nach oben gehen, sagt Stadelmann: »Ich habe mal durchgerechnet. Unter dem Platz müßten wenigstens 600 Quadratmeter Bunker liegen.« Der Platz mißt etwa 150 m im Quadrat.

Während der Rückfahrt nach Berlin spätabends sagt Remy: »Ich hatte es dir noch nicht gesagt, daß ich auf Königsberg setze. Meiner Meinung nach ist das Bernsteinzimmer dort geblieben. Aber Weimar war eine Reise wert. Das wäre schon ein Gag für meinen Film. Und wenn wir in dem Bunker nur 'nen verrosteten Stahlhelm finden. Remdts Bericht will ich durchlesen. Seine Version werde ich jedoch erst wieder aufgreifen, wenn ich glaubwürdige Hinweise erhalte, daß das Zimmer tatsächlich aus Königsberg herausgekommen ist.«

Philip Remy hatte sich vermutlich auf jenen ihm dem Namen nach noch nicht bekannten Königsberger Feuerwehrmann eingeschossen, von dem mir Tete Böttger aus Göttingen erzählt hatte. Doch Böttger war zwischendurch auf die Volpriehausen-Version abgeschwenkt, nachdem er erfahren hatte, daß sich in der Bibliothek der Göttinger Universität ein Frachtbrief gefunden habe. Demzufolge seien »Kisten mit Kulturgut von unschätzbarem Wert« in den Schacht Wittekind eingelagert worden.

»Als die Studenten nach dem Brand die Bücher und anderes rausholten, waren ihnen die Kisten wahrscheinlich zu schwer, und sie ließen sie stehen.«

Dann ist Böttger wohl wieder auf die Version des Feuerwehrmannes zurückgekommen und schloß sich Remys Suchaktion in Kaliningrad an.

Mitte Januar 1990 rufe ich in Weimar an. Stadelmann, noch voller Euphorie, erzählt, er habe auch die Keller unter der ehemaligen Gauleitung (bis 1990 Fachschule für öffentliche Verwaltung und Rechtspflege) untersucht. Sie böten das gleiche Bild wie die Keller des Hauses der Gliederungen. Übrigens sei er bei der Kripo gewesen. Ich solle mal dort anrufen.

Major Schirmer vom Volkspolizei-Kreisamt ist sehr freundlich. Ja, auch er sei nach den Berichten von Herrn Stadelmann fast überzeugt, daß es unter dem Platz zwischen den beiden Gebäuden auf dem Karl-Marx-Platz etwas zu finden gebe. Aber dazu brauche man entsprechende Ausrüstungen, einschließlich komplizierter Meßgeräte. Und die seien vorläufig bei der Stasi beschlagnahmt. Vor Ende Februar sei an eine Aktion nicht zu denken.

Doch auch Ende Februar sollte ein Wunschtermin bleiben. Der »sozialistische Gang« wechselte in das Chaos über. Und dabei blieb es.

Hans Stadelmann war inzwischen die Zeit zu lang geworden. In Begleitung eines Polizisten und mit einem Boschham-

mer bewaffnet stieg er in den dritten Keller unter der Agraringenieurschule (Haus der Gliederungen) hinab. Der Hammer
wurde angesetzt, die Wand durchbrochen. »Heureka« hätte
der gute Hans fast ausgerufen. Aber der Jubel blieb ihm im
Hals stecken. Man hatte die Sauna einer an den Platz an-
grenzenden Großhandelsfirma »entdeckt«. Zum Glück war sie
gerade nicht in Betrieb. Das »Malheurchen« unseres Freun-
des hatte jedoch seine Hypothese bestätigt, daß es jenseits der
Kellermauern des ehemaligen Hauses der Gliederungen unterirdische Räume gibt. Wieviel sind es noch außer der Sauna?
Und wann waren deren Räume zu welchem Zweck angelegt
worden?

Philip Remy hat sich die Aktion »Gauleiterbunker« einiges
kosten lassen. Zwei Münchener Ingenieure, Hans Peter und
Norbert Lassas, nahmen in seinem Auftrag Vermessungen auf
dem Gelände vor. Am 9. Juni 1990 teilte er mir mit: »In Weimar
sieht es nun, nach enorm aufwendigen technischen Messun-
gen, doch wieder so aus, als stecke ein Werner unterm Gras.
Alles Weitere zu Weimar ist aber, wie sowieso alles, auf nach
meiner Rückkehr aus der SU vertagt.«

»Werner« ist eine Ulkfigur in den Comic-Büchern des Hamburger »Semmel-Verlachs«. War nun das mit dem Gauleiterbunker ein Ulk, den uns nicht nur Stadelmann suggeriert hatte?

»Daß der Platz zwischen der Agraringenieurschule und der
Fachschule für Verwaltung (ehemalige Gauleitung – G. W.)
völlig unterbunkert ist, weiß in Weimar fast jeder«, sagte mir
damals Fräulein Susanne Kropp, die an der Fachschule studiert hatte.

Mitte April 1991 rief ich Hans Stadelmann an. Er freute sich
riesig: »Ich dachte schon, ihr habt mich vergessen. Von Philip
habe ich auch nichts mehr gehört. Er sagte mir nur, er hätte
genug Material, um seinen Bernsteinzimmer-Film fortzuset-
zen. Auch er vermutet, daß ein Teil des Zimmers nach Weimar
gekommen ist. Indirekt sagt er ja sowas auch am Schluß sei-

nes Films. Wann kannst du kommen? Ich habe ein riesiges Material gesammelt. Die Sauna war Teil des Bunkers. Inzwischen habe ich drei Eingänge gefunden. Das Haus der Gliederungen war unterirdisch mit der Gauleitung verbunden. Dort gibt es auch einen Depotraum.«

Ich sagte, daß ich erst am Wochenende in den Kellern unter der Agraringenieurschule gewesen sei, um Aufnahmen zu machen. Wegen der arg knappen Zeit hätte ich ihn nicht aufsuchen können.

»Was hältst du von der relativ frischen Inschrift ›Bernsteingewölbe‹, die ich in einem Nebengang des Kellers entdeckt habe, war das ein Witzbold? Die Inschrift ist mit einem dilettantisch gezeichneten Hakenkreuz und nach oben zeigenden Pfeilen garniert.«

Erregt antwortet Stadelmann: »Ich weiß nicht, wer das da eingeritzt hat. Aber mir wird langsam blümerant. Da kommen dauernd Anrufe, ich solle meine dreckigen Finger von der Sache lassen.«

»Jungnazis«, folgere ich.

»Nein, das waren Stimmen von älteren Herren.« Man fragt sich, wer in den 45 Jahren Pseudosozialismus verhinderte, daß die Bunkeranlage untersucht wurde. Die Bauunterlagen verschwanden, ausgeliehen gegen eine nicht zu entziffernde Unterschrift. Wer hat die Ausleihe gedeckt?

»Remy hat mir geschrieben, daß möglicherweise ein ›Werner‹ unter dem Gras stecke«, sage ich. Hans Stadelmann antwortet: »Ja, ich kenne die Ulkfigur, aber vielleicht wirst du nachdenklicher, wenn ich dir sage, daß Weimar in den Geheimplänen der SS den Code ›Werner‹ hatte.«

Philip Remy will davon jedoch nichts wissen: »Weimar hat mich schon genug gekostet. Wenn sich da tatsächlich Bunkerräume befinden – die Untersuchungsergebnisse sind so völlig eindeutig nicht –, wird es doch ein sehr aufwendiges Unternehmen. Und ob sich dann darin etwas finden läßt, steht in den Sternen. Im übrigen hätte ich dafür jetzt die Zeit nicht. Ich arbeite an neuen Recherchen zu einem größeren Thema«, sagt er mir Anfang Mai 1991 in einem Telefongespräch.

Der Fund von Schwepnitz

Hauptkommissar Gerhard Jarschel vom Zentralen Kriminalamt in Berlin verhielt sich damals (Juli 1990) skeptisch zu der Äußerung Remys, ein »Werner« liege unter dem Gras: »Soweit ich erfahren konnte, haben die Experten aus München tatsächlich Hohlräume unter der Grasfläche nachgewiesen.«

Der Name Jarschel war im Juli 1990 durch die Presse gegangen, als unter seiner Leitung fünf Bronzeskulpturen, die einst Görings Anwesen »Carinhall« verziert hatten, aus dem Großen Döllnsee geborgen wurden. Peter-Michael Diestel, der Alain Delon der Politszene und letzte Innenminister der DDR, war damals auch »vor Ort«, um Journalisten »von drüben« bereitwillig Auskunft zu geben. Gerhard Jarschel, seinerzeit für Kunstfahndung zuständig, hatte den Innenminister auch über seine Aktivitäten informiert. Dazu gehörten die noch immer mit dem Bernsteinzimmer in Zusammenhang stehenden Recherchen nach dem Gauleiterbunker in Weimar, Erkundungen zu dem ungeklärten Brand im Herrenhaus des Rittergutes von Sophienhof bei Waren/Müritz, wo im Mai 1945 unter anderem 118 Gemälde aus dem Schloß Tegel, Kupferstiche, Perserteppiche und Bestände der Ägyptischen Abteilung der Berliner Museumsinsel verbrannten, sowie die Sucharbeiten in »Carinhall«.

Am 6. August 1990 ging dann eine Sensation durch die Presse. Dr. Peter-Michael Diestel verkündete der kunstinteressierten Welt: »Bei Grabungsarbeiten auf dem Gelände eines ehemaligen Rittergutes, dessen Namen ich aus verständlichen

Gründen nicht nennen kann, stießen wir auf versteckte Kunst-schätze. Es gibt Anhaltspunkte, die nicht mehr ausschließen lassen, daß dort auch das Bernsteinzimmer zu finden ist.«

Zwei Tage später suchte mich Jarschel auf. Er war ein aus-gesprochener Fan Diestels. Der Flop seines obersten Bröt-chengebers war ihm peinlich, und er wußte auch nicht, wie er dem abhelfen sollte. Diestel, so sagte er, sei völlig ahnungslos von der ganzen Kunstfahndungsszenerie da hineingestolpert, und die Presse habe seine Worte dann noch verdreht.

So war das mit dem Entdecker des Bernsteinzimmers Pe-ter-Michael Diestel. Später erschien noch ein lahmes Dementi in der Presse, wobei von Mißverständnissen die Rede war. Der Verdacht, daß hinter dem Ganzen eine Portion Wahlkampf-strategie stand, ist indes geblieben.

Seit Jahren schon stand das Schloß Schwepnitz bei Kamenz auf der Liste der vorrangig zu untersuchenden Objekte. Als mit der Auflösung des Ministeriums für Staatssicherheit auch das kleine Dezernat Kunstfahndung sein Leben aushauchte, geriet die nur in groben Umrissen geplante Operation Schwep-nitz in Vergessenheit.

Die Verdachtsgründe waren kaum weniger reichhaltig, als die für das Objekt »Weiße Erde« im Raum Aue. In dem bereits erwähnten Schreiben von Regierungsdirektor Arthur Graefe für Reichsstatthalter Mutschmann vom 23. November 1944 war außer der Sachsenburg und Burg Kriebstein auch das Herrenhaus Großgrabe als Depot für das Bernsteinzimmer vorgeschlagen worden. Mutschmann gab am nächsten Tag seine Zustimmung. Großgrabe ist ein Nachbarort von Schwep-nitz. Ende Januar hatte sich ein Feuerwehrkommando aus Metgethen, dem nordwestlichen Vorort von Königsberg, in Schwepnitz einquartiert. Der bereits im Zusammenhang mit dem Rühle-Transport genannte Alfons Kairis erwähnte zwar weder vom Raum Kamenz noch von Schwepnitz etwas. Doch hatten sich Beamte des Posener Kaiser-Friedrich-Museums in

Großgrabe niedergelassen. Die Schätze des Posener Museums kamen 1945 nach Schloß Weesenstein, wo sie von der sowjetischen Trophäenkommission entgegen den völkerrechtlichen Abmachungen in die Sowjetunion als »Beutegut« (vornehmer ausgedrückt: zur Sicherstellung) abtransportiert wurden. Dort liegen sie noch immer unter Verschluß, obgleich sie Polen gehören.

Doch da gab es noch den Schloßdiener Oswin Pfitzner, der nach der Räumung von Schwepnitz im April 1945 zwei Freunden das Geheimnis anvertraut hatte, daß ein Bernsteinschatz in Schwepnitz vergraben sei. Das Wo hat der 1972 verstorbene Pfitzner allerdings vergessen mitzuteilen.

Das Schloß war irgendwann einmal restauriert worden, in die Kellergewölbe wurden Schuttmassen eingelagert, die Kellerfenster zugemauert. Lag der Bernsteinschatz im Keller?

Wieder kommen wir auf das Phänomen zurück: Vor 1959, als die »Freie Welt« von dem verschwundenen Bernsteinzimmer berichtete, wußte kaum jemand mit diesem Begriff etwas anzufangen. Und das nicht nur in der DDR. Auch in der Sowjetunion war die Bevölkerung erst ein paar Jahre zuvor über den verschollenen Schatz unterrichtet worden. So lag es auf der Hand, daß Leute, die gegen Kriegsende Zeugen von Verbergungsaktionen gewesen waren, ihre Beobachtungen später »überhöhten« und sich auf das nun berühmt gewordene Bernsteinzimmer konzentrierten. Zählt man alle diesbezüglichen Angaben zusammen, kommt man nicht nur auf ein Dutzend, sondern auf fast hundert Bernsteinzimmer, die irgendwo verborgen sein sollen. So gesehen erschienen Nachrichten über verborgene Schätze, die nicht auf das Bernsteinzimmer hinwiesen, als weit verheißungsvoller.

Auch die Sache mit Schwepnitz erwies sich schließlich als Flop. Ein Team von Hamburger Geophysikern hatte mit Radar- und Magnetmessungen »Anomalien in der Bodenstruktur auf einer Fläche von 3 x 3 m in einer Tiefe von bis zu 4 m«

geortet. Doch der Schatz, den der Bagger »Freiheit T« im Dezember 1990 auf dem Innenhof des Schlosses in Schwepnitz aushob, erwies sich im buchstäblichen Sinn des Wortes als Asche: Man hatte eine mit eisenhaltiger Schlacke und Porzellanscherben gefüllte Aschenkuhle gefunden.

Rohdes geheimnisvoller Tod

»Bereits im Mai 1945 trafen in Königsberg sowjetische Kunstwissenschaftler ein, auf der Suche nach verschleppten Kunstschätzen. Sie standen unter der Leitung von Professor Barsow, der auch Dr. Rohde zur Mitarbeit heranzog. Professor Barsow konnte sich 1950 bei seiner Zusammenkunft mit Professor Strauss in Kaliningrad lebhaft daran erinnern, daß Rohde damals große Anstrengungen unternommen hatte und bereitwillig Auskünfte an seine sowjetischen Fachkollegen erteilte, wenn es um die Auffindung geraubter Kunstwerke ging. Das Bernsteinzimmer aber erwähnte er mit keinem Wort. Ebenso rätselhaft erschien auch, daß er eines Nachts dabei überrascht wurde, wie er in seinem Arbeitszimmer Papiere verbrannte«, schreibt Enke.[42] Die Berliner Zeitung setzt in ihrer Sonderausgabe zur »Ostseewoche 1974« diese Story fort: »Ein kurzes Verhör des völlig Verstörten über den Zweck seiner Tätigkeit bleibt erfolglos. Auf die Androhung einer fünftägigen Arreststrafe in der Hauptwache der Garnison antwortet er mit den Worten: ›Sehr gut, sehr gut ...‹ Im Widerspruch dazu verläßt Dr. Rohde niedergeschlagen und nachdenklich das Schloß. Doch am nächsten Tage nimmt er die Arbeit wieder auf, da Prof. Barsow seine Arreststrafe rückgängig macht. Dr. Rohde bemüht sich zwei Tage lang, mit dem sowjetischen Wissenschaftler in Kontakt zu kommen. Doch der ist empört über Rohdes Vertrauensbruch und will ihn ein paar Tage warten lassen.

Zwei Tage später findet er auf seinem Schreibtisch unter der Post die Nachricht, daß Rohde und seine Frau verstorben sind.«

Belegt ist, daß Alfred Rohde um den 7. Dezember und seine Frau drei Wochen später, am 28. Dezember 1945 verstarb. Das paßte jedoch nicht zu der Gruselmär, wie sie die russische und ostdeutsche Presse – aufbauend auf Informationen Barsows und des Publizisten Wenjamin Krolewski[43] – verbreiteten. Sie lief darauf hinaus, daß das Ehepaar Rohde ermordet worden wäre. Ein Dr. med. Paul Erdmann habe die Totenscheine am 15. Dezember ausgestellt. Todesursache: Typhus. Kurz darauf sei er aus Königsberg verschwunden. Nachforschungen hätten ergeben, daß es einen Arzt dieses Namens gar nicht gab. Nachbarn sagten aus, am 15. Dezember wären zwei Särge aus der Wohnung getragen worden. Außerdem hätte man das Ehepaar am Vortag noch gesund und munter gesehen.

Kein Zweifel: Die Rohdes waren ermordet, die Totenscheine gefälscht worden. Von Mord oder Selbstmord der Rohdes schrieb die amerikanische Kunstzeitschrift »Art & Antiques« noch im März 1989.

Etwa eine Woche nach dem Ableben des Ehepaares Rohde erfuhr Professor Viktor Barsow aus der Übersetzung der Papiere, die Rohde nicht mehr hatte verbrennen können, zum erstenmal, daß das Bernsteinzimmer nach Königsberg gekommen war. Das mußte folglich so um den 22. oder 23. Dezember 1945 gewesen sein. Das mutet reichlich seltsam an. Um die Spannung noch aufzuheizen, wurde verbreitet, man habe Rohdes Tagebuch gefunden, aus dem die letzten Seiten herausgerissen waren. Der Öffentlichkeit wurde das Tagebuchfragment allerdings vorenthalten. Wer hätte sich schon erdreistet, nach dem Beleg für eine Publikation in der »Prawda« oder »Iswestija« zu fragen.

Fünf Jahre später übernimmt Wenjamin Dmitrijewitsch Krolewski die Leitung der ersten Kaliningrader Kommission für die Suche nach dem Bernsteinzimmer. Auch Professor Viktor Barsow und Dr. Gerhard Strauss beteiligen sich daran. Krolewski äußerte sich sehr lobend über Strauss: »Im Dezember 1949 fuhr er mit uns an die Stellen, wo Nachforschungen liefen, durchstöberte Trümmer und Kellerräume. Er stand uns mit Rat und Tat zur Seite. Vor der Rückkehr in die DDR überließ er uns ausführliche Aufzeichnungen über alle ihm bekannten Ausweichlager mit Kulturschätzen im Gebiet Kaliningrad.[44]

Das Tagebuch

Wo das Bernsteinzimmer verblieben war, wußte Strauss indes nicht, obwohl er Rohde sehr gut gekannt hatte. »Direkt befreundet war mein Mann mit Rohde nicht», sagte mir die Witwe des im November 1984 verstorbenen Professors Gerhard Strauss. »Was beide verband, war die Kunst. Mein Mann hat Rohde immer wieder gemahnt, die Kisten mit dem Bernsteinzimmer aus Königsberg hinauszubringen.« Frau Strauss bestätigte auch, daß ihr Mann die Kisten Anfang Januar 1945 zum letztenmal auf dem Schloßhof gesehen hatte und er nicht Zeuge war, wie das Bernsteinzimmer angeblich unter der Leitung des Schlossers Weiß und des Tischlers Mann unter Verwendung von Kopfkissen, Steppdecken und Federbetten in 25 bis 30 Kisten verpackt wurde. Und Strauss hat sich zu keiner Zeit davon überzeugen können, daß die Kisten tatsächlich das Bernsteinzimmer enthielten.

Ende März 1990 sind wir zu Filmaufnahmen bei Frau Liesel Amm in Berlin-Bohnsdorf. Frau Amm wiederholt noch einmal die schon Enke gelieferte Aussage, sie habe nach dem Luftangriff vom 29. August 1944 Rohde getroffen, der ihr auf die Frage nach dem Bernsteinzimmer geantwortet habe: »Alles ist hin«. Sie sah dann die »honigähnliche Masse« im Kellergewölbe und bestätigt, daß später in der Familie Rohde nie mehr über das Bernsteinzimmer gesprochen wurde.

Zwei Wochen darauf ruft Philip Remy an: »Ich sitze hier im Flughafen Tegel, kannst du schnell mal herkommen?«

Es war wirklich Wichtiges, was er mitzuteilen hatte: »Ich komme gerade aus Kaliningrad und Moskau, meine Maschine nach München geht in vierzig Minuten. Also kurz, ich glaube, des Rätsels Lösung gefunden zu haben: im Tagebuch des Professors Brjussow.«

»Du meinst Barsow?«

»Ja, Barsow hieß in Wirklichkeit Brjussow und war Professor am Historischen Museum in Moskau. Sein Tagebuch lag bisher in der Leninbibliothek unter Verschluß. Wir haben es aufgenommen. Die Übersetzung der entsprechenden Passage lautet sinngemäß, das Bernsteinzimmer sei von den Russen selbst verbrannt worden.«

»Du hast den Text nicht hier?«

»Nein, aber ich will noch weitersuchen, allen Hinweisen nachgehen. Ich fliege im Juni nochmals nach Kaliningrad.«

Wir haben uns ein paar Wochen später noch einmal gesehen, wobei ich Remy auf die Bemerkung von Strauss aufmerksam machte, daß er Anfang Januar 1945 auf dem Schloßhof möglicherweise nur einen Teil des Bernsteinzimmers gesehen habe. Remy antwortete, er hätte auch schon an so etwas gedacht.

Erst Ende Dezember 1990 erfuhr ich den Inhalt der Tagebuchaufzeichnung von Professor Alexander Jakowlewitsch Brjussow. Unter dem 10. Juni 1945 (!) schreibt er: »Man begann (mit den Ausgrabungen in der Königsberger Schloßruine – G. W.) im Südflügel, nach einem Hinweis Rohdes, der behauptete, daß hier die Kisten mit diesem Zimmer gestanden hatten. Zwei Tage nach meiner Ankunft machte ich darauf aufmerksam, daß ein Teil des erwähnten Saales, wo nach Rohdes

Worten das Bernsteinzimmer stand, ausgegraben sei, es in der restliche Fläche aber keinen Platz gehabt hätt ... Nachdem Rohde noch etwas gestritten hatte, gab er auf und erklärte plötzlich, daß das Zimmer im Nordflügel gestanden hätte, im Großen Saal ... Die Besichtigung des Großen Saales ergab, daß leider sowohl das Bernsteinzimmer wie auch die Keyserling-Möbel verbrannt sind. Wir fanden Scharniere der Türen des Bernsteinzimmers, Eisenplatten mit Schrauben, mit denen die Teile an den Kistenwänden befestigt waren, sowie verkohlte Reste des Bernsteinzimmers ... Wahrscheinlich war der von unseren Soldaten entfachte Brand der Grund dafür.«

Also wußte Brjussow spätestens am 10. Juni 1945, daß das Bernsteinzimmer nicht mehr existierte. Weshalb dann das ganze Lügengespinst um Rohdes Gebaren? Weshalb die Mär, er habe erst nach Rohdes Tod im Dezember 1945 erfahren, daß das Bernsteinzimmer nach Königsberg verbracht worden sei? Weshalb das Pseudonym Viktor Barsow, unter dem er noch 1955 ein Buch mit dem Titel »Auf der Suche nach dem Bernsteinzimmer« veröffentlichte? Weshalb mußte das Tagebuch des 1966 verstorbenen Professors für Vorgeschichte, dessen Porträt in der Ehrengalerie des Moskauer Historischen Museums hängt, unter Verschluß gehalten werden? Fragen über Fragen. Sollte eine Legende aufgebaut werden, um das bis dahin kaum bekannte Bernsteinzimmer zum Symbol nazistischen Kunstraubs und Nationalheiligtum hochzustilisieren? Das jedenfalls gelang. In Europa ist das Kunstwerk heute nicht minder bekannt als Leonardo da Vincis »Mona Lisa« oder die »Venus von Milo«.

Der damals 59jährige Professor war im Mai 1945 als Oberstleutnant der Sowjetarmee nach Königsberg entsandt worden, um für die Rückführung sowjetischer Kulturschätze zu sorgen, die deutsche Truppen in Rußland erbeutet hatten.

Brjussows Feststellungen im Königsberger Schloß wurden von Anfang an als »Sowerschenno sekretno« (Streng geheim) gehandelt. Offenbar ist auch Dr. Alfred Rohde vereidigt worden, den Mund zu halten. Denn um den 20. Juli 1945 trafen Korrespondenten der Propagandaeinheit des amerikanischen Foreign Office and Ministry of Economic Warfare in Königsberg ein. In ihrem als »Vertraulich« deklarierten Bericht vom 27. Juli 1945 heißt es: »Königsberg: Sowjetische Wissenschaftler führen im Schloß Königsberg Ausgrabungen durch, um die in der UdSSR erbeuteten und hier verborgenen kulturellen und historischen Schätze zurückzuführen. In einem Interview mit TASS sagte A. J. Brjussow, daß man unter einer einen Meter hohen Trümmerschicht ein Inventarverzeichnis des Bernsteinzimmers aus Zarskoje Selo gefunden habe. Der Direktor des Königsberger Kunstmuseums (Dr. Alfred Rohde – G. W.) erklärte, daß das Bernsteinzimmer aus dem Katharinenpalais in Puschkin von Feldmarschall Küchler erbeutet worden sei. Er war es auch, der das in Puschkin gestohlene vergoldete Interieur, das unter den Schloßruinen gefunden wurde, nach Königsberg gebracht hatte. Die Dekorationen des Bernsteinzimmers sind noch nicht entdeckt worden, doch hat man Schätze aus Kiew, Minsk, Charkow, Dnjepropetrowsk, Puschkin etc. ebenso gefunden wie 35 vergoldete Rahmen aus Gatschina. Im Südflügel des Schlosses wurden eine Sammlung von Ikonen aus dem 15., 16., 17. und 18. Jahrhundert, das Original von Schischkins Tannenwald, ein kleiner mit Bronze besetzter und Perlmutt verzierter Schrank aus Gatschina und andere Schätze, insgesamt etwa 2500 Gegenstände, entdeckt.«

Auch hier wird belegt, daß Professor Brjussow log, als er behauptete, sich zu keiner Zeit mit Rohde über das Bernsteinzimmer unterhalten zu haben. Remy hat in Moskau noch die Witwe des Professors interviewt. »Was sie uns zu verstehen gab, war derart ›rotfaschistisch‹, daß wir es dem Betrachter unseres Films ersparen wollten«. Wundern sollten wir uns indes nicht über Frau Brjussows Reaktion; denn als Jude war Professor Brjussow für die Deutschen damals ein Todgeweihter.

Das zweite Bernsteinzimmer

Remy hat es mit der Entdeckung von Professor Brjussows Tagebuch nicht bewenden lassen. Sein Team suchte überall in Kaliningrad, mit Spaten, Bohrern und modernen Endoskopen: im Tiefkeller der Stadtbank am Steindamm, auf dem Gelände des Geologisch-Paläonthologischen Instituts am Heumarkt und in den Kellern der beiden Ponarther Brauereien. Man fand nichts.

Einem Mann hatte Dr. Rohde jedoch sein Wissen trotz der Vereidigung durch Brjussow mitteilen können. In Neuß am Rhein suchte Remy den pensionierten Konsistorialrat Gustav Adolf Richter auf, der aussagte, Rohde habe ihm im Juni 1945 erzählt, daß sowohl die Königsberger Lovis-Corinth-Galerie wie auch das Bernsteinzimmer verbrannt seien. Paul Enke hatte diese schon früher abgegebene Äußerung Richters auf das dem Grafen Schwerin gehörende Herrenhaus Wildenhoff bezogen, das im Januar oder Februar 1945 niedergebrannt war.[45] In Puschkin suchte Remy den ehemaligen Direktor des Katharinenpalais, Alexander Michailowitsch Kutschumow, auf. Kutschumows Aussage, derzufolge das Bernsteinzimmer zusammen mit Erich Kochs privater Kunstsammlung evakuiert worden sei, hatte Paul Enke großes Gewicht beigemessen, aber nun wußte es der alternde, gebrechliche Pensionär anders. Im Frühjahr 1946, so erinnerte er sich, sei er in Königsberg gewesen. Es war dunkel in dem Großen Saal, er suchte nach Resten der Spiegel und ertastete schließlich drei der vier florentinischen Steinmosaiken aus dem Bernsteinsaal. Ihm sei schwer ums Herz geworden. Also mußte das Unfaßbare wahr sein. Das Bernsteinzimmer existierte nicht mehr.

Auf meine Veröffentlichung in der »Wochenpost« vom 30. Januar 1991 »Schatzsucher jagten ein Phantom« meldete sich Frau Clara Eipper aus dem thüringischen Buttstätt: »Mir war bei allen Spekulationen über den Verbleib des Bernsteinzimmers aus Puschkin immer rätselhaft, warum nur nach einem Bernsteinzimmer gesucht wurde. M. W. gab es davon zwei ... Im Schloß gab es ein Bernsteinmuseum und darin noch ein Bernsteinzimmer. Da ich letztmalig 1938 in Königsberg war, kann es sich also nicht um das aus Puschkin gehandelt haben ... Bleibt die Frage, welches Bernsteinzimmer nun verbrannt ist. Vermutlich nicht das aus Puschkin, sondern das aus Königsberg, das man nicht mehr rechtzeitig evakuieren konnte. Die Suche sollte also weitergehen. Es muß doch noch mehr ehemaliger Königsberge geben, die sich an dieses Zimmer erinnern können ...«

Ein solches »Bernsteinkabinett« gab es im Königsberger Schloß tatsächlich. Allerdings war es mit dem aus Puschkin in keiner Weise vergleichbar. Es handelte sich um einen Museumsraum mit besonders wertvollem Bernstein und Bernsteinarbeiten. Die Königsberger bezeichneten es gewöhnlich ebenfalls als Bernsteinzimmer, wie übrigens auch für das Kunstwerk aus Puschkin gelegentlich der Name Bernsteinkabinett gebräuchlich war.

Aus dem Königsberger Kabinett stammt auch der kleine Schrank, der nach dem Einbau des Bernsteinzimmers aus Puschkin ins Königsberger Schloß dort aufgestellt wurde. Er ist ebenso verschollen wie das Bernsteinzimmer und die Exponate des Königsberger Bernsteinkabinetts.

Das Ende einer Legende?

Maurice Philip Remy hat in seinem sauber recherchierten Fernsehfilm »Ende einer Legende«, der am 27. Dezember 1990 zum erstenmal ausgestrahlt wurde, nachgewiesen, daß das Bernsteinzimmer in den Apriltagen 1945 im Königsberger Schloß verbrannt sein muß. Den Anspruch, die absolute

Wahrheit gefunden zu haben, erhebt der bescheidene Münchener jedoch nicht. Und er räumt auch ein, daß möglicherweise ein Teil des Bernsteinzimmers noch evakuiert werden konnte.

Paul Enke hatte fast 30 Jahre gebraucht, um zu den Schlüssen zu gelangen, die er 1986 in seinem »Bernsteinzimmer-Report« darlegte. Der Unterstützung »von oben« war er sich dabei, besonders in personeller und finanzieller Hinsicht, stets sicher. Denn sein oberster Brotherr, Erich Mielke, zeigte persönliches Interesse am Wiederauffinden des Bernsteinzimmers.

Remy benötigte für das Schlußkapitel der Bernsteinzimmer-Legende eineinhalb Jahre. Das ihm zur Verfügung stehende Informationsmaterial war, abgesehen von Enkes Buch, spärlich: Unterlagen, die ich selbst während der Lektorierung von Enkes Manuskript gesammelt und von Enke erhalten hatte (Enkes Archiv liegt seit der Wende beim Gemeinsamen Kriminalamt unter Verschluß), ein paar Materialien aus dem Nachlaß von Georg Stein und Professor Strauss. Manches darin war widersprüchlich.

Am meisten umstritten und dennoch nicht widerlegbar ist die Behauptung des 1990 verstorbenen Oberleutnants der Königsberger Feuerschutzpolizei Wilhelm Stolzke. Er hatte im Sommer 1944 einen von Erich Koch angewiesenen Evakuierungstransport nach der Burg Lochstädt begleitet. Und er war sicher, daß dieser Transport das Bernsteinzimmer enthielt. Aber welches? Das Königsberger oder das aus Puschkin? Enthielt der Transport vielleicht nur einen Teil des Puschkiner Zimmers? Jedenfalls dürfte es ausgeschlossen sein, daß die Kisten mit dem Schatz aus Puschkin bereits einen Tag nach dem Bombardement von Königsberg auf dem dortigen Schloßhof gestanden habe. Rohde hätte sie gewiß nicht zurückgeholt, mußte er doch mit weiteren Luftangriffen rechnen.

Wenn also die Behauptung des Wilhelm Stolzke zutreffen sollte, dann kann das Bernsteinzimmer nicht in Königsberg verbrannt sein. Denn es gibt keinerlei Beleg dafür, daß es aus Burg Lochstädt nach Königsberg zurückgekommen ist.

Davon wußte auch ein Herr Lindenberg, jener Mann, von dem mir Tete Böttger im Sommer 1988 erzählte, nichts. Lindenberg kannte Stolzke. Ob er nun seine Informationen von ihm oder von einem Dritten hatte, der den Transport ebenfalls begleitet hatte, war nicht zu erfahren. Jedenfalls bot Lindenberg sein Wissen der Bundesregierung für 2 Millionen DM an.

War Alfred Rohde angewiesen worden, fortan die Unwahrheit zu sagen und Aktivitäten zu unternehmen, die den Abtransport des Bernsteinzimmers aus Burg Lochstädt gen Westen verschleiern sollten?

»De mortius nihil nisi bene«, sagten die alten Römer: Sag nichts über Tote, es sei denn, es ist Gutes. Niemand wird an der Integrität des Direktors der Königsberger Kunstsammlungen zweifeln wollen. Doch schon die Äußerungen gegenüber dem »Berliner Lokal-Anzeiger« vom 12. April 1942 wie auch in der Zeitschrift »Pantheon« im selben Jahr belegen, daß er sich den Zwängen des totalitären Herrschaftsapparates fügte. Trotz seiner antinazistischen Einstellung, die auch Professor Strauss bezeugte, war er nie ein Mann des Widerstandes, konnte es wohl auch nicht sein, ging es ihm doch stets in erster Linie um den Schutz der ihm anvertrauten Kunstgüter. Wenn das Bernsteinzimmer 1944 auf Kochs Weisung nach Lochstädt abtransportiert wurde, hatte Rohde nicht die Macht, dem Gauleiter zuwiderzuhandeln und es zurückzuholen. Ganz abgesehen davon, daß ein Mann von Rohdes Format dies angesichts des zerstörten Schlosses und in Erwartung weiterer Bombenangriffe auf Königsberg ohnehin nicht getan hätte. Und seit dem Abbau des Bernsteinzimmers im März 1944 hat es niemand mehr gesehen. Auch Rohdes Aussage am 30. August 1944 gegenüber Frau Amm, alles sei hin, stimmt ebenso merkwürdig wie Frau Amms Erinnerung, daß seitdem bei den Rohdes über das Zimmer nicht mehr gesprochen wurde. War

Dr. Alfred Rohde gehalten, die bereits im Sommer über Burg Lochstädt erfolgte Evakuierung des Bernsteinzimmers durch vorgespiegelte Aktivitäten zu verschleiern? Das mag etwas weit hergeholt klingen.

Doch halten wir uns an die Fakten.

Am 4. Dezember 1944 trifft Rohde in Dresden ein, um im sächsischen Raum Evakuierungsmöglichkeiten für Kunstgut aus Königsberg zu erkunden. Sie sollten, wie aus den damit im Zusammenhang stehenden Unterlagen hervorgeht, besonders das Bernsteinzimmer betreffen. In einem Aktenvermerk über den Besuch Rohdes heißt es: »Herr Dr. Rohde ist am 8. Dezember wieder nach Königsberg zurückgefahren, um den Versand des Bergungsgutes zu veranlassen.« Dann treffen kurz vor Weihnachten zwei mit Kunstgut beladene Waggons aus Königsberg in der Burg Kriebstein ein. Das Bernsteinzimmer ist nicht darunter. Weshalb? Sollte die Erklärung darin liegen, daß es sich zu dieser Zeit gar nicht mehr in Königsberg befunden hatte? Noch am 9. Januar 1945 soll sich Rohde an den Fürsten Alexander zu Dohna Schlobitten mit der Bitte um Unterbringung des Bernsteinzimmers im Schloß Schlobitten gewandt haben. Aber weshalb denn, wenn ihm ausreichende Depots in Sachsen zur Verfügung standen und Schlobitten angesichts der Frontlage ohnehin nicht in Frage kommen konnte?

Im übrigen ist Rohdes Erkundungsreise nach Sachsen Anfang Dezember 1944 kein Beleg dafür, daß sich das Bernsteinzimmer noch in Königsberg befand; denn auch für den Abtransport der Kunstsammlung von Gauleiter Koch im Januar 1945 aus Königsberg gibt es keinerlei Belege. Mit größerer Wahrscheinlichkeit wurde sie schon früher evakuiert.

Und Professor Brjussows Tagebuch? Da ist nicht nur der Widerspruch zwischen den Sälen im Süd- und Nordflügel bemerkenswert. Weshalb sollen sich die Kisten mit dem Bernsteinzimmer angesichts des bevorstehenden Kampfes um Königsberg überhaupt dort und nicht in den sichereren Keller-räumen befunden haben? Was Brjussows Tagebuch offenbart, erscheint als Beweis zwar zwingend, doch was sollte die Fest-stellung, er habe verkohlte Reste des Bernsteinzimmers ge-funden? Das hätte man doch gern genauer gewußt; denn Bernstein verkohlt nicht; er zerfließt bei niedrigeren Hitze-graden, oder er verbrennt fast rückstandslos. Der Name Bern-stein kommt vom mittelhochdeutschen »börnen«, d. h. Brennen. Solcherlei Argumente machen den Schluß, das Bernsteinzim-mer sei trotz aller dagegen sprechenden Belege und Zeugen-aussagen gerettet worden, nicht völlig unwahrscheinlich.

Der Glaube an dieses für das Bernsteinzimmer so günstige Schicksal versetzt Berge. Man erinnert sich an den Funk-spruch des Sturmbannführers Gustav Wyst und an die mögli-chen Verstecke in Weimar oder im Jonastal. Solange die Ge-heimnisse solcher vermeintlichen Depots nicht geklärt sind, bleibt deshalb noch ein Rest von Hoffnung auf das Bernstein-zimmer oder wenigstens einen Teil davon.

Renaissance des Bernsteinzimmers

Anfangs war es nur eine Idee, und die Familie Blinow in Riga, Vater und Sohn, beide mit dem Vornamen Boris, sowie die Ehefrau Antonia, verbrachten vier Jahre mit Vorbereitungs-arbeiten, bis sie zu Beginn des Jahres 1980 verkündeten, sie wollten das Bernsteinzimmer nachbauen. Sie waren bis dahin nur Hobby-Bernsteinschnitzer. Ihre Pläne aber waren sehr sorgfältig durchdacht. So wollten sie die Mosaiken aus verschie-denfarbigem Bernstein nicht, wie ursprünglich, auf Eichen-holzpaneele aufbringen, sondern auf Aluminiumbleche. Denn das »Arbeiten« des Holzes hatte bei dem Original des Bern-steinzimmers seit Jahrhunderten Probleme gemacht. Immer wieder fielen Plättchen heraus und mußten nachgearbeitet oder neu angefertigt werden, weil sie nicht mehr paßten. Die sowjetische Regierung griff bald die Initiative der Blinows auf und machte daraus eine staatliche Unternehmung, die heute unter der Leitung von Leninpreisträger Professor Alexander Kedrinski steht.

Das anfangs gestellte Ziel, das fertige Bernsteinzimmer bis zum Jahre 1990 der Öffentlichkeit präsentieren zu können, erwies sich freilich als zu euphorisch. Gottfried Wolffram, Ernst Schacht und Gottfried Turau hatten zehn Jahre gebraucht, um die kleinere »Berliner Version« des Bernsteinzimmers fertigzustellen. An der endgültigen Fassung, wie sie 1760 im Katharinenpalais zur Aufstellung kam, arbeitete noch einmal ein halbes Dutzend Bernsteinschnitzer fünf Jahre lang.

Hinzu kam, daß die alten Herren vor fast drei Jahrhunderten frei wirken konnten und ihnen ein schier unerschöpfliches Reservoir an feinstem Bernstein zur Verfügung stand. Die Nachahmer aber hatten neben mehreren Schwarz-Weiß-Fotos nur ein einziges (nur einen Teilbereich erfassendes) Farbfoto und ein Aquarell zur Verfügung. So braucht man ungeheuer viel Zeit allein damit, Bernsteinmosaiken zu komponieren, sie auf Schwarz-Weiß-Filmen aufzunehmen und mit den überlieferten Fotos zu vergleichen. Alexander Shurawljow, Leiter der Rekonstruktionsarbeiten in Puschkin, versicherte dem Fernsehteam von Maurice Philip Remy im Sommer 1990, daß die Kopie des Bernsteinzimmers fast absolut perfekt sein werde.

Welche Schwierigkeiten diese Kopie bereitet, läßt sich auch daraus erkennen, daß das Team sehr langsam vorankommt, obwohl es mit moderner Technik arbeitet: elektrischen Bohr- und Schleifgeräten. Wann mit dem Abschluß der Arbeiten zu rechnen ist, weiß bislang niemand zu sagen. Man ist vorsichtig geworden mit Prognosen. Insgesamt müssen 1,2 Tonnen Bernstein verarbeitet werden.

Im Jahre 1985 gerieten die Arbeiten ins Stocken. Bis dahin war man reibungslos mit den erforderlichen hochwertigen Bernsteinsorten versorgt worden. Sie stammten aus Tagebauen an der Bernsteinküste. Plötzlich versiegten die Auslieferungen. Und just zu dieser Zeit klagten Juweliere in Kopenhagen mit Eingaben an das Handels- und das Justizministerium, daß der Markt mit Bernstein rätselhafter Herkunft überflutet werde und die Preise in den Keller gingen. »Noch nie hat es hier so viel Bernstein gegeben«, äußerte damals der Präsident der dänischen Juwelierszunft, Kurt Wennich Hansen.

Des Rätsels Lösung war bald gefunden. Ein Schmugglerring hatte das Leningrader Depot massiv bestohlen. Zwei Polen und ein Däne wurden verhaftet, als sie versucht hatten, 169 Kilo feinsten Bernsteins nach Dänemark einzuschmuggeln. Der Preis für ein Kilo lag damals bei etwa 500 DM.

Die sowjetische Botschaft in Kopenhagen gab seinerzeit keinen Kommentar zu der Affäre ab. Doch fortan funktionierte die Belieferung der Bernsteinzimmerwerkstatt wieder reibungslos.

Vielleicht werden wir Mitte der neunziger Jahre das Bernsteinzimmer im Katharinenpalais von Puschkin wieder bestaunen können.

Einen bescheidenen Beitrag zur Wiedergeburt des Bernsteinzimmers zu leisten, hat sich ein Kreis von deutschen Enthusiasten für dieses Kunstwerk vorgenommen, das einst Symbol deutsch-russischer Verständigung gewesen war. Fast symbolisch ist auch, daß es Berliner waren, die in der Stadt, wo das Zimmer vor fast drei Jahrhunderten entstand, den »Verein zur Förderung der Wiederherstellung des Bernsteinzimmers im Katharinenpalais« gründeten: der Kunsthändler Dietrich R. Franz (Vorsitzender), der Slawist und Archäologe Dr. Alfred Kernd'l und der Archäologe Dr. Klaus Goldmann. »Wir wollen mit unserer Arbeit zugleich darauf hinwirken, daß jeder begreift: Das, was damals geschah, darf sich nie wiederholen. Kunst ist ein lebendiger Organismus, sie gehört allen. Verbrechen an der Kunst dürfen ebensowenig in Vergessenheit geraten wie Verbrechen an der Menschlichkeit. Wenn wir helfen wollen, die Vergangenheit zu bewältigen, wie es so schön heißt, dann meinen wir damit nicht, daß sie vergessen werden solle. Und so gesehen verstehen wir unsere Aktivitäten nicht nur als Geste«, sagt Goldmann.

Anhang

V e r z e i c h n i s der vom Gauleiter K o c h – Königsberg am 9. Februar 1945 als Museumsgut im L a n d e s m u s e u m eingestellten Museumsgegenstände. Eingebracht von Hausverwalter P o p p a .

Am 9. und 10. April 1945 wurden ungefähr zwei Drittel der eingelagerten Gegenstände von Herrn Poppa mit Lastkraftwagen mit Schweizer Kennzeichen abgeholt und nach unbekanntem Ort verlagert.

I. G o b e l i n s
Gobelin, Verdüre. ca. 1750, 2,66 x 4,86 m
Gobelin mit figürlichen Szenen. 17. Jh., 5,06 x 2,78 m
Gobelin, bezeichnet M.D. Voß Δ. Flandern 1580, 4,52 x 3,50 m
Moderner Gobelin, sehr groß, (gefüttert). ca. 6,50 x 7,00 m
Moderner Wollbehang, abgewebt, braun- u. hell-grau.
»Seinem Gauleiter Erich Koch das Heimwerk Samland«.
    1,35 x 2,00 m
Gobelin, Verdüre, Brüssel 1730, 3,64 x 2,48 m

II. G e m ä l d e
Ölgemälde, Art des *Canaletto*, Venezianische Ansicht. Ohne Rahmen,
    0,73 x 0,19 m
Ölgemälde, Herrenbildnis um 1780, in gemaltem Oval mit Gold-
    rahmen, 0,48 x 0,62 m
Art des *Canaletto*, Canale Grande in Venedig. Ohne Rahmen,
    0,99 x 0,72 m
Ölgemälde, Frauenbildnis, um 1780. Ohne Rahmen,
    0,60 x 0,73 m
Ölgemälde, K. W. *Ehrhard*, Der Brief, 1935. Ohne Rahmen,
    0,61 x 0,71 m
4 Ölgemälde, Die 4 Jahreszeiten. Französisch ca. 1750.
    Ohne Rahmen, 1,37 x 1,48 m
Ölgemälde, Wolf mit Hunden kämpfend, angeblich *Lefebvre*. Ohne
    Rahmen, 0,75 x 0,59 m
Ölgemälde auf Holz, niederländisch 17. Jh., Schwimmender Hirsch.
    Mit Rahmen, 0,56 x 0,42 m

Modernes Ölgemälde, Kopf eines Trakehnischen Schimmels.
Ohne Rahmen, 0,49 x 0,65 m

Ölgemälde auf Holz, *Van Ouden* sign. Architektur mit Figuren. Ohne
Rahmen, 0,48 x 0,49 m

Niederländisch um 1840, Stadtansicht mit Fluß in Abendbeleuchtung.
Mit Goldrahmen, 0,67 x 0,52 m

Deutsch um 1820, Art des *Carus*, Burg im Mondschein. Ohne Rahmen,
0,41 x 0,33 m

Niederländisch 17. Jh., Geflügelstilleben. Angeblich *Weenix*. Mit
Goldrahmen, 1,04 x 1,23 m

Rembrandt-Schule, Landschaft mit Mühle. Ohne Rahmen, 0,66 x 0,52 m

Rarsin, Bildnis Gräfin d'Alincourt. Ohne Rahmen, 0,82 x 1,03 m

Art des *Canaletto*, Der große Kanal in Venedig, 0,72 x 1,11 m

Art des *Canaletto*, Venezianischer Klosterhof (?). Ohne Rahmen,
0,99 x 0,72 m

Spitzweg, Romantische Szene im Gebirge, mit Ritter. Mit Goldrahmen,
0,37 x 0,37 m

Fälschung des 19. Jh., Frau in Renaissance-Kostüm. Mit Goldrahmen,
0,27 x 0,33 m

Italienisch, 17. Jh., Aufblickende Frau. Mit Goldrahmen, 0,29 x 0,35 m

Englisch, Ende 18. Jh., Frauen-Portrait, (mehrfach beschädigt).
Ohne Rahmen, 0,61 x 0,52 m

Art des *Palamedes*, Lustige Gesellschaft. Ohne Rahmen,
0,59 x 0,45 m

Art des *Canaletto*, Santa Maria Salute in Venedig. Ohne Rahmen,
0,95 x 0,71 m

Art des *Canaletto*, Platz in Venedig (?). Ohne Rahmen, 0,99 x 0,72 m

Niederländisch, spätes 17. Jh., Zwei Reiter im Walde. Mit Goldrahmen,
0,34 x 0,42 m

Oswald *Achenbach*, Blick auf Florenz. Mit Goldrahmen, 0,42 x 0,60 m

Art des *Schalcken*, Spitzenklöpplerin. Mit Goldrahmen, 0,35 x 0,42 m

Albert *Cuyp*, Knabe mit Falken. Mit Goldrahmen, 0,31 x 0,33 m

Curt *Agthe*, 1924, Schloß in Pappenheim. Mit Goldrahmen,
0,37 x 0,46 m

Angeblich *Van de Velde*, Hafeneinfahrt mit kreuzenden Schiffen.
Ohne Rahmen, 0,68 x 0,43 m

Backhuysen, Schiff im Sturm. Ohne Rahmen, 0,65 x 0,43 m

Regnauld, Triumphzug. 0,51 x 0,28 m

Gatermann, Flachlandschaft. Modern, 0,91 x 0,68 m

Reetz, Frauenportrait. Modern. Ohne Rahmen, 0,70 x 0,90 m

Niederländer in Italien, Szene in einem Seehafen. Ohne Rahmen,
0,89 x 0,58 m

Niederländisch, 16. Jh., Art des *Aertzen,* Brautnacht (Fälschung?).
Ohne Rahmen, 1,33 x 0,95 m

Rubens-Schule, Heiliger Petrus. Ohne Rahmen, 0,64 x 0,86 m

Schomann, 1831, Pferde am Strande. Ohne Rahmen, 1,73 x 1,13 m

Gatermann, Flachlandschaft. – Gegenstück zu No. 33. – Ohne Rahmen,
0,91 x 0,68 m

Pannini, Zauberszene, In antiker Architektur. Ohne Rahmen,
1,16 x 1,54 m

Lengnüsser, Baltische Landschaft, 1942. Ohne Rahmen. 1,00 x 1,79 m

Knauf, Kranentor in Danzig. Ohne Rahmen, 1,78 x 1,12 m

Pannini, Ruinenlandschaft, Römische Architektur. Ohne Rahmen,
1,77 x 1,25 m

Art des *Heda*, Stilleben mit Austern. Mit Rahmen, 0,62 x 0,49 m

Andreas *Achenbach,* Landende Fischerboote. Ohne Rahmen,
0,39 x 0,52 m

Hildebrand, Fischerkind am Strande. Ohne Rahmen, 0,58 x 0,40 m

Abrahard (?), Hühnerhof, 0,54 x 0,65 m

C. *Schröder*, Dörfliches Pferderennen. Ohne Rahmen, 0,84 x 0,62 m

E. *Dücker*, Heimkehrende Fischer. Ohne Rahmen, 0,80 x 0,54 m

Russischer Meister, 1877, Garbenbindende Mädchen. Ohne Rahmen,
0,89 x 0,54 m

Winterhalder, Kinderbildnis in Oval. Ohne Rahmen, 0,58 x 0,45 m

Russischer Meister, 1858, Mädchenbildnis, Oval. Ohne Rahmen,
0,58 x 0,49 m

Reetz, Gauleiter Koch. Ohne Rahmen, 0,80 x 1,20 m

Reetz, Bildnis einer alten Frau. Mit Rahmen, 0,60 x 0,80 m

Niederländisch (Fälschung?) Wirtshausszene. Ohne Rahmen,
0,51 x 0,43 m

Russischer Meister, 1896. Ansicht eines breiten Flusses. Ohne
Rahmen, 0,53 x 0,38 m

Russisch-Niederländischer Geschmack, Szene vor einem Wirtshaus.
Ohne Rahmen, 0,48 x 0,57 m

Art eines Niederländers um 1600. Szene einer Kinderstube. Ohne
Rahmen, 0,66 x 0,49 m

Art des *Canaletto*, Markus-Platz in Venedig. Ohne Rahmen,
1,11 x 0,72 m

Bildnis Adolf Hitler. Mit Rahmen, 0,80 x 1,00 m

Bildnis Hermann Göring. Mit Rahmen, 0,78 x 1,10 m

Pannini, Arkadenhof mit Kartenspielern. Ohne Rahmen, 0,97 x 1,17 m
Napoleon bei Wagram, Gerahmter Stich, Niederländisch, 18. Jh.,
    Jäger in Hochwald. (Abgespannt vom Keilrahmen). 1,40 x 1,75 m
92 Stück gerahmte Ridinger-Stiche (Facsimiles.)
Gerahmte Radierung, Ansicht von Rothenburg
Gerahmter Steindruck, *Bees*, Der leere Stuhl
Gerahmter Stahlstich, Ansicht von Elberfeld
Kupferstich, Bildnis Kopernikus
Gerahmter Steindruck, Hohendorf
Gerahmte Radierung, Rothenburg
Gerahmte Radierung, Einsame Buche
Gerahmte Radierung, Karlsbrücke in Prag
Ölgemälde, 17. Jh., Herr in Radkragen. Ohne Rahmen, 0,41 x 0,52 m
Agthe, Ölgemälde, Parktor. Mit Rahmen, 0,37 x 0,31 m
Holländisch, 18. Jh., Bierkrüge. Mit Rahmen, 0,32 x 0,36 m
Bildnis Frau Koch. Mit Rahmen, 0,31 x 0,41 m
G. M. *Kraus*, Familienszene mit kleinem Kind. Ohne Rahmen (defekt),
    0,28 x 0,41 m

III. S i l b e r
Teile eines 4armigen Leuchters
Teile eines 5armigen Leuchters
Große dreifüßige Schale
Kleine Schale mit Münze im Inneren
Kleine moderne Silberschale
Flaches Schälchen mit drei Kugeln
Sahnengießer
Teesieb
Salzschälchen
Dreiflammiger Kerzenleuchter mit Bernsteinknauf (defekt)
Salznäpfchen
Brotkorb in alter Form
Kerzenleuchter, klein
Mischgefäß für Coctail
Kerzen-Standleuchter
Kristall-Krug mit Silberdeckel
2 Stück Toast-Ständer
Aschenbecher mit Silberrand
Ovaler Brotkorb, Biedermeier
4 hohe 5flammige Kerzen-Standleuchter

Soßengießer, klassizistisch
Kleines Becken, modern
Henkelbecher
Weite Schale
Doppelhenkliger Krug
Schale
Großes Becken mit Eichenlaub im Fuß
Weinkühler, vergoldet
Kleine Obstschale
Kerzenfuß
Kleines silbervergoldetes Becken
Hohe Vase
Dreiarmiger Leuchter für Kerzen
Deckelpokal, innen vergoldet
Biedermeier-Leuchter, teilvergoldet
Desgleichen
Zigarettenetui
Soßengießer, klassizistisch
Hohe Weinkanne
Kerzenleuchter mit Bernsteinknauf
Flaches Tablett
Konfekt-Schälchen mit Früchtedekor
Flache ovale Schale
Kleines Casserolle
Großes ovales Tablett
Desgleichen
Desgleichen
Sehr großes Tablett, 12eckig
Ovales Tablett, Barockform
Hohe Kanne, Biedermeierform
Dreiarmiger Tischleuchter
Kleines rechteckiges Tablett, Barockform
Casserolle
Sechs hohe Barock-Kerzenleuchter
1 weiterer Leuchter
Silbernes Tablett, Barockform
36 Silberteller, klassizistisch
Silbertablett, Barockform
„   "

Zwei große Silberteller, klassizistisch

Zwei große Silberteller, klassizistisch
Großes Tablett mit Inschriften. Neubarock
Kleines Tablett, Neubarock
Großes Tablett, Neubarock
Zwei sehr große Teller, klassizistische Form
Silbervergoldete Schale mit Hoheitszeichen
Silbervergoldetes Becken auf drei Füßen, mit Randinschrift
Zwei Saucieren, klassizistische Form
Kleine Silberschale, Neubarock
Aschenbecher mit Silberrand
Deckel zu einer Casserolle, klassizistisch
Dreiarmiger Tischleuchter, Neubarock
Großes Wein-Kühlbecken auf vier Füßen
Oberteil eines fünfarmigen Leuchters
Oberteil eines fünfarmigen Leuchters, Neubarock
„   „   „   „   „

Oberteil eines fünfarmigen Leuchters. Zwei Arme gebrochen
1 Paar Kerzenleuchter, Neubarock
1 Kerzen-Doppelleuchter, Neubarock
1 Kerzen-Doppelleuchter, modern
Teile eines Kerzen-Standleuchters für 8 Kerzen
2 Stück Teile eines vierarmigen Leuchters, Neubarock
2 Stück Teile eines vierarmigen Leuchters, modern
Flache moderne Schale
Niedriger Kerzenleuchter, modern
Hohe moderne Kanne
Silbervergoldetes kleines Becken auf vier Füßen
Zigarettenschale mit Deckel
Casserolle-Deckel mit Astwerk-Knauf.
108 kleine Teile von Kerzenleuchtern
Silbervergoldeter Kerzenhalter mit Dorn
Neun silbervergoldete Zigarettenschachteln mit Hoheitszeichen
1 silbernes Zigaretten-Etui mit Landkarte von Deutschland
1 silbervergoldeter Zigarettenkasten auf vier Füßen

IV. Unedles Metall
Versilberter großer Streichholzbehälter
Zwei kleine Gefäße aus Serpentin, mit Goldbronzefassung
Aschenbecher und ähnlicher Behälter aus Serpentin, Bronzefassung

Schreibtisch-Garnitur (Löscher, zwei Tintenfässer, Brieföffner)
  Goldbronze
Schreibtisch-Garnitur (Löscher, 1 Tintenfaß, Brieföffner)
9 Photos zu den Gemälden
1 Achat-Schale
1 silberner Bilderrahmen
1 bronze-vergoldeter Buddha
1 Buddha-Kopf, Bronze. Spuren von Vergoldung
1 Biedermeier-Pappkästchen mit Perlstickerei.

–

1 Kiste Grammophonplatten.
–

Anmerkungen

1 Die Gattin von Großherzog Karl Friedrich war Anna Pawlowna, eine Tochter von Zar Paul I.
2 Bundesarchiv Potsdam, Film Nr. 4039.
3 Zitiert aus: Paul Enke: Bernsteinzimmer-Report. Berlin 1986, S. 46f.
4 Archiv des Autors (Peterhof: Petrodworezk; Oranienbaum: Lomonossow).
5 SZAOR der UdSSR (Sowj. Zentralarchiv der Oktoberrevolution), Fonds 7445, L. 2, Akte 166.
6 Ebenda, Fonds 7021, L. 148, Akte 227.
7 Zitiert aus: Paul Enke: Bernsteinzimmer-Report, a.a.O., S. 43.
8 Bundesarchiv Potsdam, Film Nr. 44351.
9 IMT (Internationales Militärtribunal), PS 1402, StAnü (Staats-Archiv Nürnberg).
10 Bundesarchiv Potsdam, Film Nr. 44165.
11 Pantheon. München (1942) 7.
12 Protokoll des Berichts von Ida Hirschmann vom 9.9.1981 (Archiv des Autors).
13 Gespräch des Autors mit Frau Amm im März 1990 in Berlin-Bohnsdorf.
14 Archiv der Staatlichen Museen zu Berlin (Gemäldegalerie)
15 Paul Enke: Bernsteinzimmer-Report, a.a.O., S. 74.
16 Ebenda, S. 94.
17 Ebenda, S. 86f.
18 Bundesarchiv Dresden.
19 Archiv des Autors.
20 Ebenda.
21 Paul Enke: Bernsteinzimmer-Report, a.a.O., S. 117.
22 Archiv des Autors.
23 Das Warschauer Bezirksgericht hatte Koch am 9. März 1959 zum Tode verurteilt. Wegen seines stark angegriffenen Gesundheitszustandes wurde er, der den Tod von wenigstens 72 000 Polen und 20 000 Juden verschuldet hatte, zu lebenslänglicher Haft begnadigt. Er starb 1986 im Gefängnis von Barczewo 91jährig.
24 Paul Enke: Bernsteinzimmer-Report, a.a.O., S. 132.
25 Ebenda, S. 114.

26 Ebenda, S. 185.

27 Die Zeit, Hamburg, 16.11.1984.

28 Institut für Zeitgeschichte, München.

29 Archiv des Autors.

30 Ebenda (nach Briefen von Rudolf Wyst).

31 Ebenda.

32 Paul Enke: Bernsteinzimmer-Report, a.a.O., S. 117.

33 Ebenda, S. 97.

34 Hilfswillige.

35 Paul Enke: Bernsteinzimmer-Report, a.a.O., S. 97.

36 Archiv des Autors.

37 Die Briefe befinden sich im Archiv des Autors.

38 Der Bericht „Das Rätsel der Weichselbucht" wurde in der Moskauer Zeitschrift »Technika - modlodjoshi« (1989) Nr. 2-4 veröffentlicht.

39 Familienname und Ort sind hier nicht genannt, um dem Informanten Unannehmlichkeiten zu ersparen.

40 Der Name ist im Brief ausgeschrieben.

41 Paul Enke: Bernsteinzimmer-Report, a.a.O., S. 195.

42 Ebenda, S. 106f.

43 Wenjamin Krolewski: Die Geschichte des Bernsteinzimmers. Moskau 1966.

44 Ebenda, S. 19.

45 Paul Enke: Bernsteinzimmer-Report, a.a.O., S. 82.

Namenregister

Bildnachweis

GOLDMANN TASCHENBÜCHER

Fordern Sie das kostenlose Gesamtverzeichnis an!

Literatur · Unterhaltung · Bestseller · Lyrik

Frauen heute · Thriller · Biographien

Bücher zu Film und Fernsehen · Kriminalromane

Science-Fiction · Fantasy · Abenteuer · Spiele-Bücher

Lesespaß zum Jubelpreis · Schock · Cartoon · Heiteres

Klassiker mit Erläuterungen · Werkausgaben

****

Sachbücher zu Politik, Gesellschaft,

Zeitgeschichte und Geschichte; zu Wissenschaft,

Natur und Psychologie

Ein Siedler Buch bei Goldmann

****

Esoterik · Magisch reisen

****

Ratgeber zu Psychologie, Lebenshilfe,

Sexualität und Partnerschaft;

zu Ernährung und für die gesunde Küche

Rechtsratgeber für Beruf und Ausbildung

Goldmann Verlag · Neumarkter Str. 18 · 8000 München 80

Bitte senden Sie mir das neue Gesamtverzeichnis.

Name: _____

Straße: _____

PLZ/Ort: _____